ENTDECKUNGSREISE IN DIE ANTIKE

ALLES ÜBER RÖMER, GRIECHEN UND ÄGYPTER

Inhalt

Michele Angelico

Entdeckungsreise in die Antike

Das Römische Reich

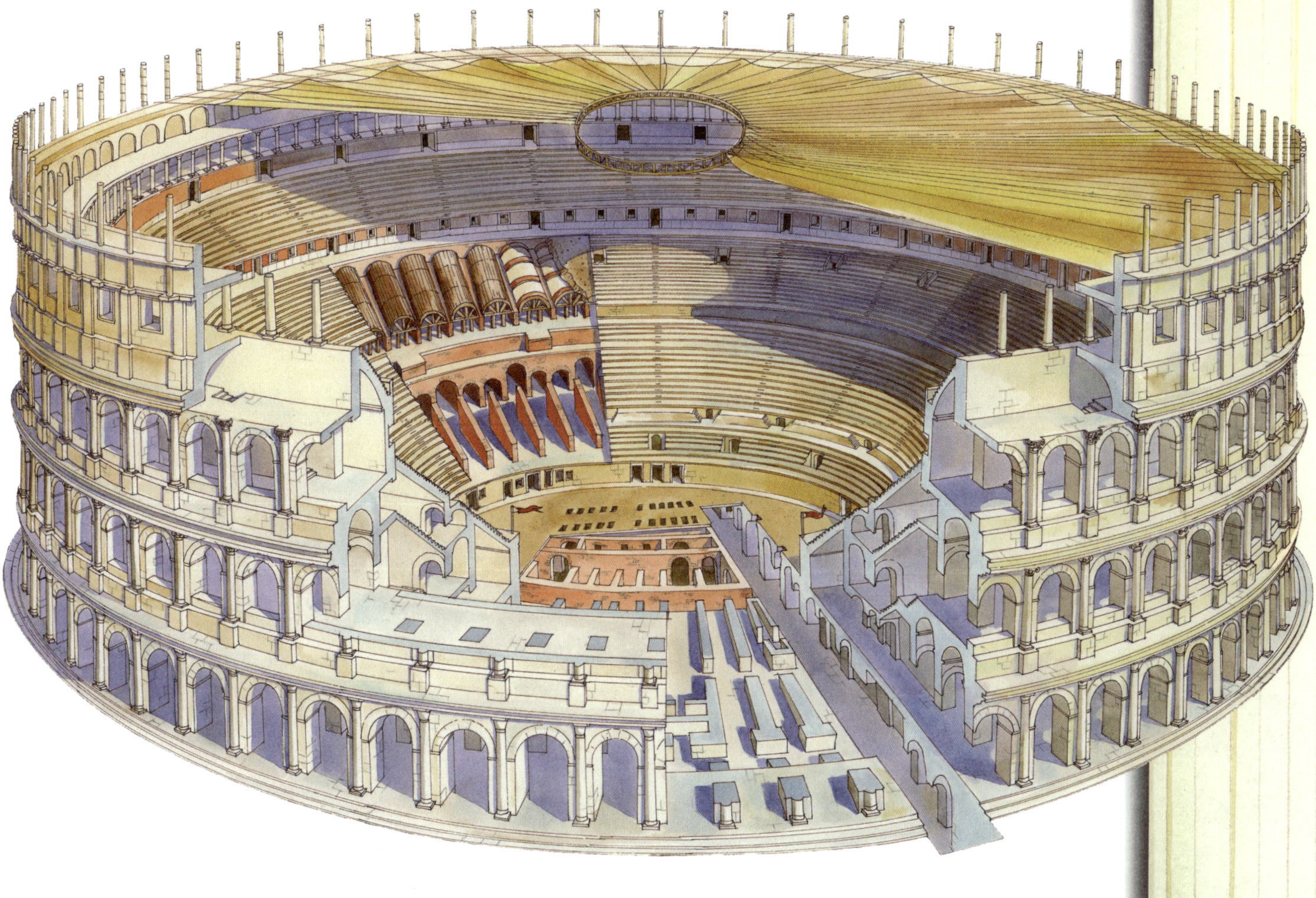

Die Geschichte Roms

Von den Ursprüngen Roms berichtet seit alters her eine Legende: Dort, wo eine Wölfin den ausgesetzten Neugeborenen Romulus fand und säugte, wurde die Stadt 753 v. Chr. gegründet. In Wirklichkeit dürften die Anfänge Roms aber auf den Zusammenschluss der kleinen Dörfer längs des Flusses Tiber zurückgehen. Irgendwann haben diese Siedler vermutlich beschlossen, sich zusammenzutun, um sich gegen die Überfälle der benachbarten Stämme zu schützen. Die politische Macht übertrug man an einen Herrscher, und die Hütten umgab man mit einem ersten Mauergürtel.

Mit den Jahrhunderten wuchs die militärische Stärke der Stadt und es gelang den Römern, die anderen italischen Völker zu unterwerfen. Über 700 Jahre wuchs Rom beständig an, bis es unter der Herrschaft des Kaisers Trajan seine größte Ausdehnung erreichte.

Rom war zu einer Weltstadt mit einer Bevölkerung von fast einer Million Einwohner geworden. Schutz vor Angreifern und Feinden bot nun die unter Kaiser Aurelian errichtete, imposante Mauer. Es war eine eindrucksvolle Stadt, geschmückt mit prächtigen Bauten und Kunstwerken zur Ehre und zum Ruhm der römischen Kaiser. Große Triumphbögen, Mausoleen, Foren, Thermen und Aquädukte zeugten vom Reichtum und der Schönheit Roms. Nur wenige erkannten bereits die Zeichen des nahenden Untergangs.

Meilenstein

Wichtige Daten

753 v. Chr. Romulus gründet Rom.

509 v. Chr. Tarquinius Superbus, siebter und letzter König von Rom, wird vertrieben. Es beginnt die Zeit der Republik.

309 v. Chr. Die Kelten belagern und plündern Rom.

264–146 v. Chr. Epoche der drei Punischen Kriege, die mit dem Untergang Karthagos endet.

58–51 v. Chr. Cäsar erobert Gallien.

49–45 v. Chr. Nach einem langen Bürgerkrieg lässt sich Cäsar zum Alleinherrscher ausrufen.

44 v. Chr. Cäsar wird hinterrücks überfallen und erdolcht.

31 v. Chr. Octavian gewinnt die Seeschlacht bei Actium, es beginnt die Kaiserzeit.

27 v. Chr. Octavian nimmt den Titel Augustus („der Erhabene") an.

284 n. Chr. Diokletian wird Kaiser und teilt das Reich und die Macht auf („Tetrarchie").

330 n. Chr. Byzanz wird die neue Hauptstadt des Römischen Reiches.

395 n. Chr. Nach einer kurzen Phase der Einigung unter Konstantin dem Großen wird das Reich erneut geteilt.

410 n. Chr. Die Westgoten plündern Rom.

451 n. Chr. Attila und die Hunnen fallen in Westeuropa ein.

476 n. Chr. Untergang des Weströmischen Reiches.

Die italischen Völker

Die italienische Halbinsel war schon Jahrhunderte vor der Gründung Roms von Völkern besiedelt, die im Vergleich zu den Hochkulturen des Mittelmeerraumes eher einfache Sitten und Gewohnheiten besaßen. Metallbearbeitung und Ackerbau waren noch wenig entwickelt und der kulturelle Austausch der Völker untereinander fiel schon aufgrund der Unterschiede in Herkunft und Sprache schwer. Trotzdem war die Weiterentwicklung dieses bunten Mosaiks unterschiedlichster Kulturen zu einer gemeinsamen und blühenden Hochkultur nicht mehr aufzuhalten.

Grabsäule aus Luni

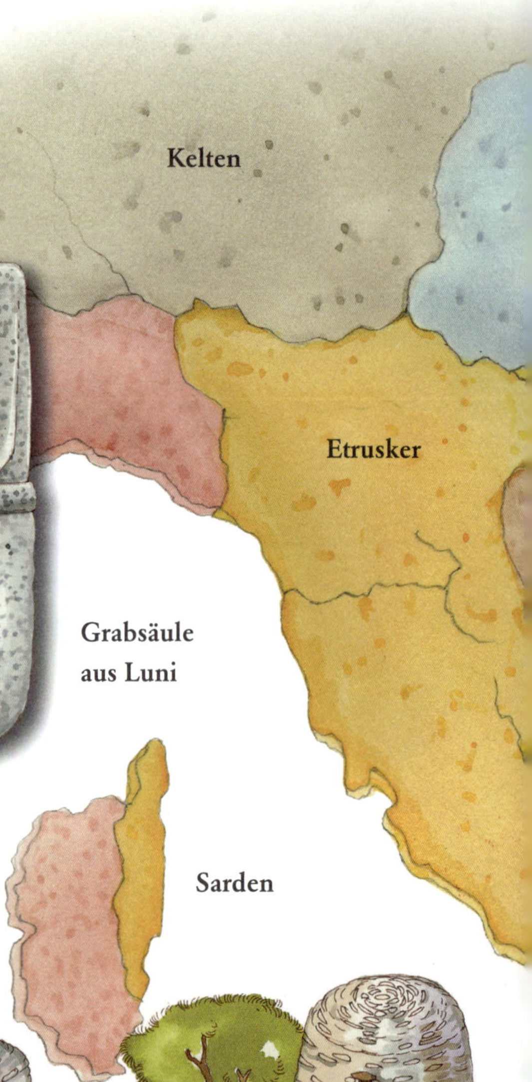

Die Nuraghenkultur

Auf Sardinien lebte um die Mitte des 2. Jahrtausends v. Chr. das Volk der Sarden. Ursprünglich noch Hirten und Krieger, lebten sie mehr und mehr als Handwerker und Händler. Vor allem die Beziehungen zu den Mykenern und Phöniziern im östlichen Mittelmeerraum beschleunigten die Entwicklung der eigenen Kultur. Die Sarden errichteten befestigte Wohnsiedlungen mit den typischen *Nuraghen*: kegelförmige, runde Steintürme.

Der zentrale Hauptturm war von kleineren Nuraghen umgeben und bildete mit ihnen zusammen eine Befestigung. Eine umlaufende Festungsmauer diente zum Schutz der übrigen Einwohner und Stammesmitglieder.

Die Kelten

Um 400 v. Chr. überquerten keltische Stämme die Alpen. Sie ließen sich in der Poebene nieder, wo sie befestigte Dörfer errichteten. Vor allem ihre Fertigkeiten in der Metallbearbeitung stießen bei den Einheimischen in Oberitalien auf großes Interesse. So konnten feste Handelsbeziehungen geknüpft werden.

Die Picener

Eine andere bedeutende Kultur dieser Zeit waren die Picener. Sie siedelten entlang der Adriaküste bis ins Landesinnere zu den Gebirgsketten des Apennins. Zu ihren kulturellen Hinterlassenschaften zählen archäologische Zeugnisse, die Aufschluss geben über die Bewaffnung der Krieger in vorrömischer Zeit. Doch auch ihre Zivilisation wurde von der mächtigeren Kultur der Römer verdrängt.

Statue eines picenischen Kriegers

Die Etrusker

Stirnziegel

Die Etrusker sind ein Volk, dessen Ursprünge noch immer nicht hinreichend bekannt sind. Ihre Kultur erreichte früh einen außergewöhnlich hohen Entwicklungsgrad. Über fünf Jahrhunderte hatten die Etrusker die Vorherrschaft in Italien, obwohl sie keinen eigentlichen Staat bildeten. Ihr politisches und soziales Gefüge bestand lediglich aus einer Reihe unabhängiger Städte. Jeder einzelne dieser Stadtstaaten wurde von Statthaltern geführt, die *Lucumone* genannt wurden und für die Dauer eines Jahres das Amt bekleideten. Hierbei wurden sie unterstützt von einer Gruppe aus Adligen und Priestern.

Die Etrusker errichteten ihre Städte an Stellen, die gut gegen Angriffe von Feinden zu verteidigen waren. Einige Ansiedlungen besaßen Naturhäfen. Dort lagen die Schiffe vor Anker.

Die Städte

Eindrucksvolle Verteidigungsmauern aus Steinblöcken wurden rings um die Städte herum errichtet. An den Toren gab es Wachtürme. Zur Bestattung der Verstorbenen erbauten die Etrusker außerhalb der Mauern wahre Städte, die *Nekropolen*.

Die Behausungen

Zu Anfang lebten die Etrusker in primitiven Hütten. Erst später begannen die Behausungen sich zu verändern und nahmen die Gestalt fester Häuser an. Die Außenmauern wurden nun auf einem Fundament errichtet, das für mehr Stabilität sorgte. Die Wände waren zunächst aus Holz, später aus ungebrannten Ziegeln. Der Dachstuhl war mit Ziegeln und Dachpfannen gedeckt, seine Firstbalken wurden mit Terrakottafiguren und -statuen geschmückt, sogenannten *Akroteren*.

Der Gewölbebogen

Eine ganze Reihe von Neuerungen im Bereich der Architektur sind den Etruskern zu verdanken. So etwa das Tonnengewölbe und der gemauerte Bogen, der eine sich selbst tragende Bauform ist. Möglich wurde dies durch den Einsatz behauener Steine, die aneinandergereiht wurden. Auch planten die Etrusker bei der Erbauung einer Stadt gleich immer ein Wasserversorgungssystem und eine Kanalisation mit ein. Die Straßen pflasterten sie mit Steinen. Das etruskische Straßennetz, das zur Verbindung der Städte untereinander diente, nutzten noch die Römer zur Errichtung der *Viae consulari*, der nach Konsuln benannten Straßen.

Von den Anfängen Roms

Nicht weit von der Mittelmeerküste durchquert der Tiber in seinem Verlauf eine Ebene. Regelmäßig wurde sie bei Hochwasser überschwemmt. Die Hügel, die sich entlang der Flussufer erhoben, erschienen den Römern deshalb zur Errichtung ihrer Siedlungen besonders geeignet. Die erste Siedlung entstand an einer Furt unterhalb des Hügels Palatin, wo die Überquerung des Flusses besonders leicht war. Man errichtete Hütten aus Holz mit den für diese Zeit typischen Strohdächern. Umgeben von Zäunen, wurde diese Siedlung nur von den Hirten und Bauern bewacht, die hier lebten. Sie wuchs stetig, bis die Zäune schließlich auch die benachbarten Ansiedlungen umschlossen.

Rings um diese Kernsiedlung herum taten sich auch die Bewohner der übrigen Hügel zusammen und bildeten im Verteidigungsfall einen Bund. Mit der Zeit sicherte man die Siedlungsgrenzen mit einer festen Mauer und übertrug die Befehlsgewalt einem einzigen Stammeshäuptling. Die eigentliche Stadt Rom bildete sich erst Jahrhunderte später, als Teile der Flussebene zwischen den Hügeln Palatin und Kapitol trockengelegt und die alten Holzhütten durch feste, gemauerte Steinhäuser ersetzt worden waren.

Aschenurne

Bronzefigur der Wölfin mit Romulus und Remus

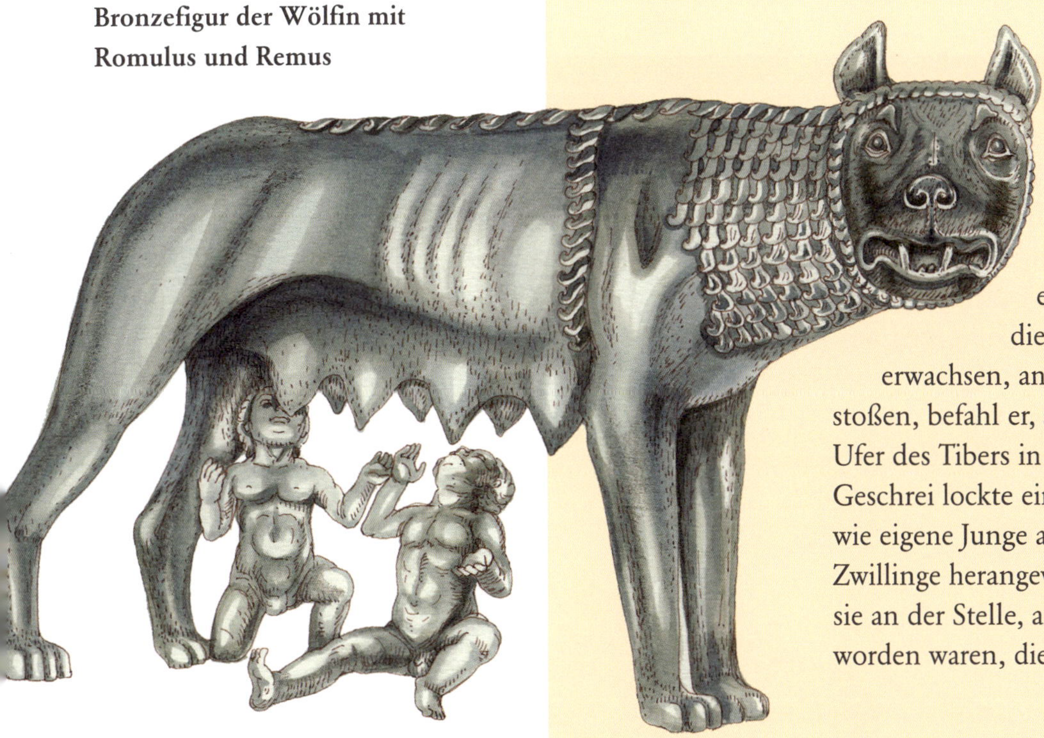

Romulus und Remus

Die Geschichte von Romulus und Remus ist eine berühmte Legende: Die Zwillinge waren die Söhne der Priesterin Rhea Silvia und wurden auf Anordnung des Königs Amulius ihrer Mutter entrissen. Da der Tyrann fürchtete, die beiden Kinder würden sich, einmal erwachsen, an ihm rächen und ihn vom Thron stoßen, befahl er, sie auszusetzen. Sie wurden am Ufer des Tibers in einem Korb zurückgelassen. Ihr Geschrei lockte eine Wölfin an, welche die beiden wie eigene Junge annahm und säugte. Als die Zwillinge herangewachsen waren, gründeten sie an der Stelle, an der sie ausgesetzt worden waren, die Stadt Rom.

Die Sieben Hügel

Die ersten Ansiedlungen entstanden entlang einer Flusskrümmung in der Nähe der Mündung. Die Niederungen waren auch wegen der Gefährdung durch Malaria zur Besiedlung nicht geeignet, weshalb die Römer es vorzogen, ihre Häuser lieber auf Hügeln zu errichten. Zugleich bot die hochgelegene Lage einen hervorragenden Schutz vor den Angriffen der benachbarten Völker.

Karthago

Karthago wurde im 9. Jahrhundert v. Chr. von den Phöniziern gegründet. Der Name bedeutet „neue Stadt“. Anfangs bloß eine Kolonie, wurde sie sehr bald zu einem bedeutenden Handelszentrum. Mit ihren Lastschiffen, die bis nach Spanien, zu den britischen Inseln und zu den wichtigsten Häfen des Mittelmeeres vordrangen, knüpften die Phönizier ein erfolgreiches Handelsnetz.
Ihr Kunsthandwerk war ebenfalls berühmt. Die Phönizier waren außergewöhnlich geschickt in der Bearbeitung von Juwelen und in der Fertigung kostbarer Schmuckstücke aus Glaspaste, die zu allen wichtigen Märkten exportiert wurden. Unterstützt wurde diese Handelsmacht durch eine starke Seeflotte, die den Händlern stets eine ruhige Reise entlang der Handelsrouten und Anlegeplätze sicherte. Als jedoch die Römer als Seemacht auf der Bildfläche erschienen, kam es zu einer starken Rivalität zwischen den beiden Reichen.

Hannibal überquert mit seinen Elefanten die Alpen.

Die Punischen Kriege

Der Zusammenstoß zwischen Rom und Karthago im Kampf um die Vorherrschaft im Mittelmeer war unausweichlich. Die Kriege zwischen den beiden Städten dauerten über 100 Jahre und endeten 146 v. Chr. Das anfängliche Gleichgewicht, als Rom sich noch als militärische Macht auf dem Festland etablierte und auf den Meeren alles in Händen der Karthager lag, endete mit der Entscheidung Roms, auch eine Seeflotte zu betreiben und damit die klare Übermacht über Karthago zu erzielen. Die Antwort der Punier darauf, so nannten die Römer die Karthager, war der Feldherr Hannibal Barkas. Mit seinem Heer und einer Gruppe von Kriegselefanten überquerte Hannibal die Alpen und schlug die Römer mehrere Male, ohne dass es ihm jedoch gelang, sie endgültig zu besiegen. Beim Zweiten Punischen Krieg verlagerte sich das Kampfgeschehen nach Afrika. Hier wurde Hannibal in Zama geschlagen. Im Dritten Punischen Krieg schlugen die Römer die Karthager endgültig und zerstörten ihre Hauptstadt.

Hannibal Barkas

Der Hafen

Der Militärhafen von Karthago hatte die Form eines Kreises. In der Mitte befand sich eine Insel, auf der die Admiralität untergebracht war. Der Hafen bot etwa 200 schwer bewaffneten Kriegsschiffen Anlegeplatz, die über Rampen aufs Trockene gezogen werden konnten. Oberhalb der Nischen, in denen die Schiffe vertäut waren, befanden sich große Magazine für Waren und Bewaffnung. Der zentrale Pavillon der mittleren Insel war etwas erhöht und ermöglichte so die Überwachung des offenen Meeres.

Das Heer

Legionär mit *Vexillum* (Feldzeichen)

Die enorme Ausdehnung des Römischen Reiches war vor allem dem großen Geschick und der Stärke des Heeres zu verdanken, dem eine mächtige Flotte zur Seite stand. Zur Zeit des Kaisers Augustus sicherten gut 28 Legionen das Reich. Während der römischen Königszeit waren die Einwohner Roms noch die Soldaten und das Heer wurde nur zu Zeiten des Krieges versammelt und eingesetzt.
Ungefähr im ersten vorchristlichen Jahrhundert führte Gaius Marius dann eine Heeresreform durch. Aus der Bürgerarmee wurde eine Berufsarmee. Um Legionär zu werden, musste man Bürger Roms sein. Nur die Hilfstruppen durften aus den Einwohnern der römischen Provinzen bestehen. Allein das Bestehen dieser gewaltigen Kriegsmaschinerie sicherte allen zum Römischen Reich gehörenden Ländern über lange Zeit hinweg den Frieden.

Balliste

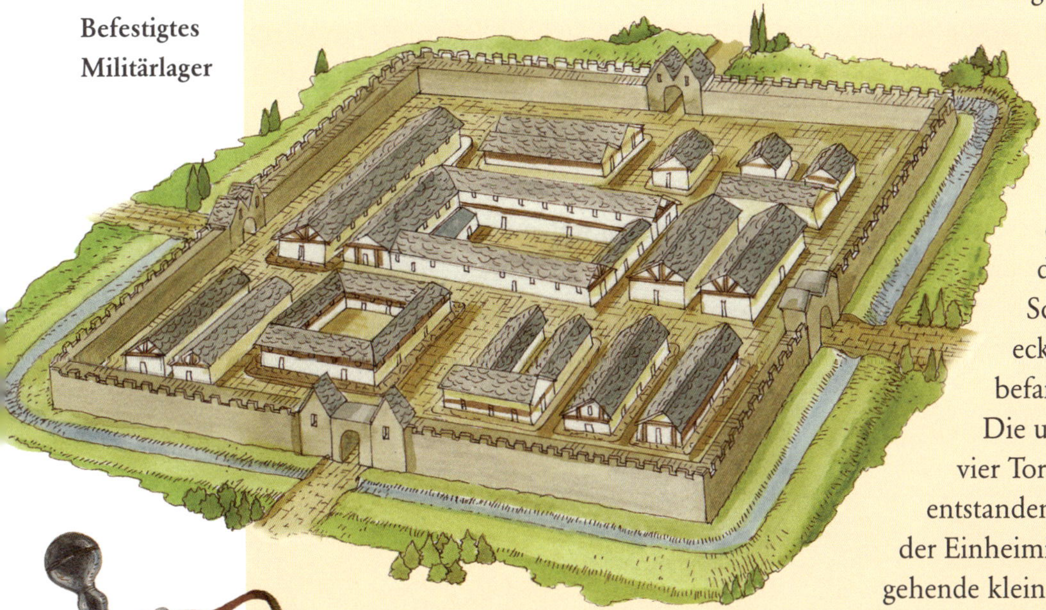

Befestigtes Militärlager

Das Militärlager

Wenn die Legionen sich für längere Zeit an einem Ort aufhielten, wurde das Feldlager, das lediglich aus Zelten bestand, durch ein Militärlager mit Baracken und festen Häusern ersetzt. Eine große Mauer umgab dann das ganze Lager. Die Struktur des Lagers folgte einem festen Schema, der Grundriss war rechteckig und der Sitz des Kommandanten befand sich inmitten der Baracken. Die umlaufende Festungsmauer besaß vier Tore, eines an jeder Seite. Oftmals entstanden vor den Toren durch den Handel der Einheimischen mit den Insassen richtiggehende kleine Dörfer.

Gladius

Der Legionär

Die Legionäre hatten die Aufgabe, die Grenzen des Staates zu sichern und die Ordnung im Land zu bewahren. Bevor die Soldaten zu Legionären wurden, mussten sie an die Disziplin des Heeres gewöhnt werden. Über die Handhabung der persönlichen Waffen hinaus mussten sie die Kriegsmaschinen manövrieren und bedienen lernen. Auch an die Anstrengung der langen Fußmärsche mit der schweren Ausrüstung auf den Schultern mussten sie sich gewöhnen.

Zu den leichten Waffen, über die jeder Legionär verfügte, gehörte ein kurzes Schwert mit doppelter Schneide, der *Gladius*. Außerdem besaß der Legionär ein hölzernes Schild und einen Speer. Auf dem Kopf trug er einen Helm, der auch das Gesicht schützte. Der Oberkörper war von einem Brustharnisch aus einzelnen Metallplatten bedeckt.

Legionär mit Ausrüstung

Onager

Während einer Belagerung kamen verschiedene Kriegsmaschinen zum Einsatz. Der *Onager*, ein Katapult, diente dazu, schwere Steine in der Größe von Kanonenkugeln auf die gegnerische Festung zu schießen. Der Mauerbrecher sollte Lücken ins Mauerwerk schlagen und die *Balliste* feuerte große Pfeile und Wurfgeschütze über weite Distanzen hinweg.

Die Kelten

Die Volksgruppen der Kelten besiedelten bereits ab 500 v. Chr. in verschiedenen Wanderungswellen einen Großteil Nordeuropas. Die Kelten waren weder ein Volk noch eine Nation, sondern bestanden aus einem Verbund von Stämmen mit einer gemeinsamen Kultur. Als das römische Heer unter dem Kommando von Julius Cäsar Gallien betrat, waren die Kelten bereits ein sesshaftes Volk mit einer weit entwickelten Zivilisation. Sie besaßen eigenes Geld, betrieben eine intensive Landwirtschaft und hatten ein Straßennetz ausgebaut, das ihnen feste Handelsbeziehungen ermöglichte.

Streitwagen

Der Gallische Krieg

Während des langen Krieges gegen die Römer erzielten die Gallier einen Zusammenschluss unter den Stämmen. Dennoch wurde ihr zahlenmäßig überlegenes Heer geschlagen. Die Belagerung der befestigten Stadt Alesia war eine der letzten Schlachten dieses Krieges. Häuptling Vercingetorix musste sich nach sechs Wochen Widerstand ergeben. Zwei Befestigungslinien zogen sich um die auf einem Hügel gelegene Stadt. Die eine war gegen die Gallier gerichtet, die sich in der Stadt verschanzt hatten. Die andere schützte die Römer vor den Angriffen des Entsatzheeres, das zur Unterstützung der Eingeschlossenen heraneilte. Sowohl den Belagerten wie dem Entsatzheer gelang es jedoch nicht, diesen Verteidigungswall zu durchbrechen und die Umzingelung zu lösen.

Die Behausungen

Die Kelten bewohnten große kreisrunde Häuser, deren Wände aus Holz und Erde waren. Das Dach besaß ein Gebälk aus Holz, auf dem ein Weidengeflecht mit Stroh ruhte. Diese schlichte Bedachung war undurchlässig gegen den Regen, ließ aber den Rauch der zentralen Kochstelle abziehen. Die keltischen Dörfer waren in hügeliger Gegend errichtet, um sich gegen feindliche Angriffe besser zur Wehr setzen zu können.

Das Mittelmeer

Der Seehandel erreichte während der größten Ausdehnung des Römischen Reiches eine sehr wesentliche Bedeutung. Die Seewege, gesichert von der Flotte der römischen Streitmächte, ermöglichten ein intensives Handelsgeschäft auch mit den entferntesten Regionen des Reiches und natürlich einen kulturellen Austausch. Um sich auf hohe See zu begeben, waren die Frühlings- und Sommermonate die geeignetsten. Nur die größten Schiffe trotzten den winterlichen Stürmen.
Man reiste überwiegend tagsüber in küstennahen Gewässern und suchte sich in der Abenddämmerung einen Unterschlupf. Führte die Reise doch auf das offene Meer hinaus, navigierte man nach Sonne und Sternen. Navigationsinstrumente waren noch unbekannt.

Tragamphoren für Öl und Wein

Die Kriegsmarine

Die Kriegsschiffe der Römer waren nach dem Vorbild der griechisch-phönizischen Galeeren gebaut. Zwar verfügten sie über Rahsegel, doch wurden sie während der Seeschlachten nur von den Rudern fortbewegt und gesteuert. Die *Triere*, das römische Schlachtschiff, besaß am Bug einen Rammsporn, mit welchem der Kiel des gegnerischen Schiffes im Gefecht unterhalb der Wasserlinie durchbohrt wurde. Um der Vorherrschaft der Karthager auf See begegnen zu können, wandte man eine neue Waffe an, die *Corvus* („Mauerhaken“) oder auch Enterbrücke genannt wurde. Gegnerische Schiffe konnten damit ihrer Beweglichkeit beraubt und geentert werden.

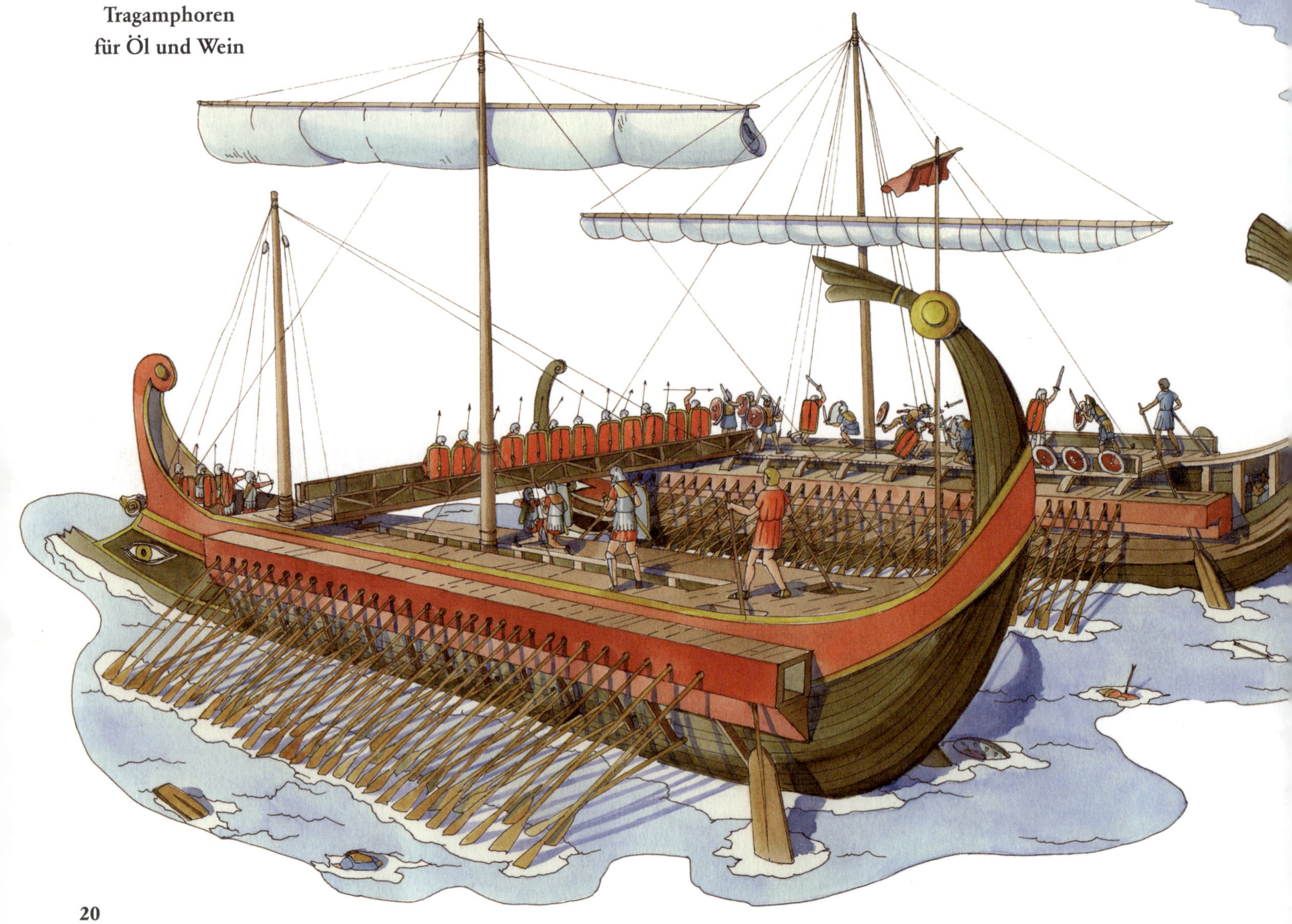

Der Hafen

Die Stadt Rom mit ihrer Million Einwohner musste mit Waren und Lebensmitteln versorgt werden. Da das Straßennetz des Römischen Reiches nicht ausreichte, erweiterte man die Handelsbeziehungen zur See.

Die Handelsmarine

Im nahe gelegenen Ostia, dem Versorgungshafen von Rom, trafen auf großen Versorgungsschiffen die Waren ein, die für Rom bestimmt waren. Der weitere Transport verlief dann in flacheren Last- und Frachtkähnen, mit denen das niedrigere Gewässer des Tibers flussaufwärts zu befahren war. In den dicken Schiffsrümpfen der größeren Handelsschiffe lagerten neben Getreide dicht gedrängt vollgefüllte Amphoren mit Öl und Wein.

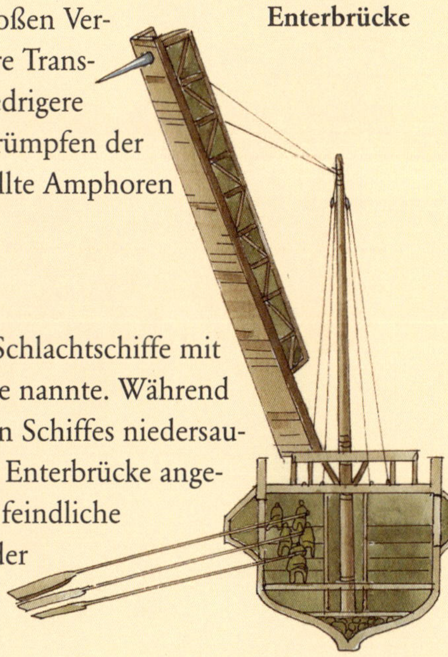

Corvus oder Enterbrücke

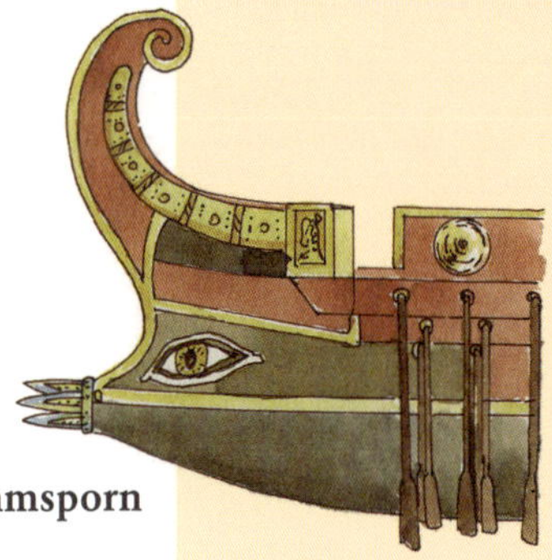

Rammsporn

Im Verlauf des Zweiten Punischen Krieges wurden die Schlachtschiffe mit einer neuen Vorrichtung versehen, die man Enterbrücke nannte. Während des Gefechts ließ man sie auf das Deck des gegnerischen Schiffes niedersausen. Durch den metallenen Dorn, der in der Spitze der Enterbrücke angebracht war und sich in die Beplankung bohrte, war das feindliche Schiff nicht mehr steuerbar. Wie über eine Gangway oder einen Laufsteg konnten die Römer es nun entern und den Gegner im Kampf Mann gegen Mann bezwingen.

Das Römische Weltreich

Unter Trajan, im 2. Jahrhundert n. Chr., erreichte das Römische Reich seine größte Ausdehnung. In der fast zwei Jahrhunderte währenden Friedenszeit blühte der Handel auf, begünstigt auch durch ein recht gut ausgebautes Straßennetz. Auch wurden Aquädukte, Brücken sowie Heizungs- und Warmwasseranlagen errichtet. Die Einwohner Roms und der Provinzen lebten dank einer ausgezeichneten Verwaltung und einer gemeinsamen Sprache in wohlhabenden Verhältnissen. Mit ihrem hohem Lebensstandard ging es ihnen besser als allen anderen Menschen in der Welt. In Rom selbst gab es Luxusartikel zu kaufen, die aus fernen Teilen der Erde stammten, etwa aus Indien oder China.

In Britannien war die Grenze des Reiches durch einen Wall gesichert, den man *Hadrianswall* nennt.

Die Provinzen waren durch gut ausgebaute und gepflasterte Straßen verbunden, was den Transport von Waren, aber auch die Verlagerung von Truppen beschleunigte.

Die Grenzen des Römischen Reiches und seiner Provinzen waren von den Ländern der Barbaren durch eine befestigte Wallanlage gesichert, die *Limes* genannt wurde. Wegen der vermehrten Angriffe wurde der zunächst aus Holz bestehende Grenzzaun durch einen Wall aus Mauersteinen, Gräben, Wachtürmen und Forts ersetzt.

An den Handelsstraßen in Richtung Orient entstanden bedeutende Städte wie Palmyra und Petra. Die Blüte dieser Städte endete abrupt mit dem Straßenbau, da die Karawanen umgeleitet wurden.

Die Grenzen des Römischen Reiches erstreckten sich bis zum Reich der Sassaniden. Auch hier, entlang der Grenzen in Afrika und Arabien, erbaute man befestigte Schutzzäune und Wälle, um die entlegenen Provinzen vor Angreifern zu schützen.

Im Römischen Reich selbst lebten die Menschen in Luxus und Bequemlichkeit.

Auf den Speisetafeln der Römer fanden sich Spezialitäten aus allen Teilen der Welt.

Die Römische Republik

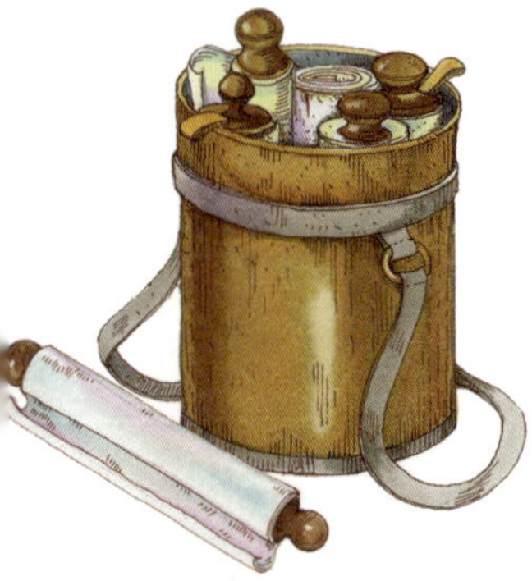

Der Legende nach war Romulus der erste König von Rom. Ihm folgten sechs weitere Könige, darunter als siebter und letzter Tarquinius Superbus, der um 510 v. Chr. vertrieben wurde. In den darauffolgenden vier Jahrhunderten wurde Rom Republik und vom Senat regiert.

Der Senat hatte 300 Mitglieder aus den 30 einflussreichsten Familien Roms, denen die Aufgabe zukam, die *Konsuln* zu wählen. Diese wurden immer als Paar gewählt und ihr Mandat dauerte ein Jahr. Sie hatten während dieser Zeit auch den militärischen Oberbefehl und mussten für den reibungslosen Ablauf des politischen öffentlichen Lebens sorgen. Jeder der beiden Konsuln hatte das Einspruchsrecht zur Verhinderung von Entscheidungen des anderen Konsuls, falls er diese nicht billigte.

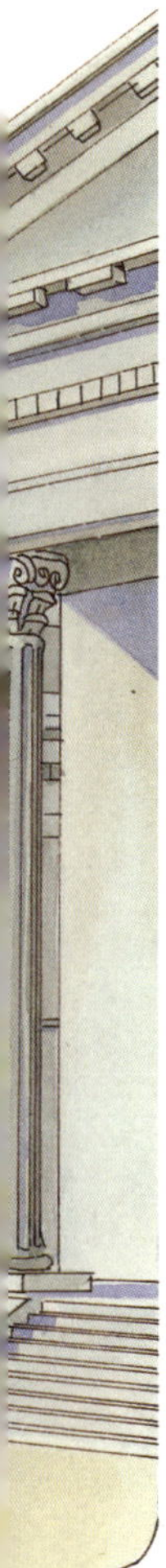

Alle öffentlichen Ämter wurden *Magistrate* genannt. Die *Prätoren* waren für die Rechtspflege, die *Quästoren* für die Steuererhebung und die Heeresbesoldung zuständig. Im Fall eines Krieges konnte ein Diktator mit absoluten Befugnissen ernannt werden, verblieb in diesem Amt jedoch nur für sechs Monate.

Liktorenbündel, ein Machtsymbol

Die Volkstribunen

In der ersten Zeit der römischen Republik waren die *Plebejer*, die unteren Klassen, von der Macht ausgeschlossen, da sie keine staatlichen Ämter übernehmen konnten. Nach langen Ständekämpfen erreichten es die Plebejer, dass sie ebenfalls im Senat vertreten waren, und zwar von zwei *Tribunen*, die dort ihre Interessen wahren und Gesetze verhindern konnten, die zu sehr zulasten der unteren Klassen gingen.

Julius Cäsar

Siegreich aus dem Krieg gegen Gallien zurückgekehrt, gewann Julius Cäsar erhebliches Ansehen als großer Feldherr. Es gelang ihm, den Senat dazu zu bringen, ihm die Macht auf Lebenszeit zu übergeben. Dieser Akt besiegelte das Ende der römischen Republik. Allerdings währte die Herrschaft Julius Cäsars nur vier Jahre. Im März 44 v. Chr. wurde er von Verschwörern ermordet, gerade als er den Senat betrat.

Die Thermen

Die erste große Thermenanlage Roms errichtete Agrippa 25 v. Chr. auf dem Marsfeld. Davor kamen die Römer ihren Bedürfnissen nach Hygiene in weitaus kleineren öffentlichen Bädern nach, zu deren Einrichtungen lediglich Warm- und Kaltwasserbecken sowie Massage zählten. Die Thermen der Kaiserzeit hingegen gehören zu den komplexesten Bauten der Antike überhaupt und waren ebenso Orte des Zeitvertreibs wie Mittelpunkt des sozialen Lebens. In den Thermen traf man sich mit seinen Freunden, bewegte sich bei Gymnastik oder erörterte Fragen zur Gesundheit und allem, was den Körper betraf.

Die eigentliche Thermenanlage bestand aus drei Sälen unterschiedlicher Temperatur: dem Kaltbaderaum *(Frigidarium)*, einem mäßig gewärmten Baderaum *(Tiepidarium)* sowie dem eigentlichen Warmbaderaum *(Calidarium)*. Der Besucher betrat als Erstes das Tiepidarium, setzte nach kurzer Gewöhnung das Bad im heißer temperierten Bereich fort, wo auch die Heißwasserbecken waren. Zuletzt konnte er sich im Wasser des Kaltbaderaumes abkühlen.

Die Heizung der gesamten Anlage funktionierte über eine Hypokaustenheizung, einem System zirkulierender Heißluft unter dem Fußboden und hinter den Wänden.

Das in den Thermen benötigte warme Wasser wurde in großen Kesseln erhitzt. Die Holzöfen erwärmten nicht nur das Wasser, sondern auch die Luft, die dann unter die Fußböden geleitet wurde.

Um die großen Thermenanlagen mit ausreichend Wasser zu versorgen, errichtete man eigene Aquädukte. Das Wasser wurde in großen, hochgelagerten Becken gesammelt und von dort zu einem Tank geleitet, der Wasser für die gesamte Thermenanlage bereithielt.

Strigilis und Salbgefäße

Die Römer benutzten keine Seife. Zur Reinigung besprengten sie ihre Haut mit Öl, das dann mit einem eigens zu diesem Zweck gebrauchten Instrument, der *Strigilis*, mitsamt dem Schmutz und dem Schweiß vor dem eigentlichen Bad abgeschabt wurde. Die römische Sitte der Thermenbesuche mit warmen Bädern und regelmäßigem Schwitzen unterstützte die Körper- und Gesundheitspflege.

Dicht um die Thermen herum siedelten sich Werkstätten, kunsthandwerkliche Läden und sonstige Händler an. Wie in modernen Einkaufszentren versuchte man, die große Zahl der täglichen Thermenbesucher für das eigene Geschäft zu nutzen.

Die Götter

Die Römer verehrten verschiedene Gruppen von Göttern, einmal die Götter des öffentlichen Kultes, zum anderen die Hausgötter der Familie. Nicht selten waren die Hausgötter etruskischen oder griechischen Ursprungs. Bei den Römern erhielten sie oft nur neue lateinische Namen. Jupiter war der Göttervater, Juno beschützte die Ehe. Mars war der Gott des Krieges, Venus die Göttin der Liebe, Merkur der Götterbote und Diana die Schutzherrin der Jagd. Man brachte den Göttern Opfer und kleine Versöhnungsgaben dar, um sich Gunst und Erfolg zu sichern.

Janus: Ein römischer Gott

Ein wirklich römischer Gott war Janus, der das Haus und die Stadt beschützte. Er wurde am ersten Tag des neuen Jahres gefeiert. Auch in Zeiten des Krieges waren die Türen seines Tempels geöffnet in Erwartung der heimkehrenden Soldaten. Dargestellt wurde er mit einem Doppelkopf, der vorn und hinten ein Gesicht besitzt, das eine der Vergangenheit, das andere der Zukunft zugewandt.

Januskopf

Das Lararium

Besonders ausgeprägt war bei den Römern der Ahnenkult. Die Vorfahren wurden mit den Hausgöttern gleichgesetzt. Jedes Haus verfügte über ein *Lararium*, wo die *Manen*, die Seelen der Verstorbenen, verehrt wurden. Weitere Hausgötter waren die *Penaten*, die als Schutzgötter speziell der Familie galten, sowie die *Laren*, die das Haus beschützten. Vor dem Lararium brachte die Familie jeden Tag Bitten dar, die sich an Vesta, Schutzgöttin eines jeden römischen Hauses, richteten.

Juno

Jupiter

Mars

Apoll

Der Vesta-Kult

Der Vestatempel war ein kreisrunder, säulenumstandener Bau. Im Inneren brannte ein Feuer, das die ewig währende Macht Roms symbolisierte. In einer geheimen Kammer im Inneren wurde das Standbild der Pallas Athene, einer griechischen Göttin, verborgen. Der Überlieferung nach hatte Äneas, der Stammvater der Römer, diese Figur aus Troja mitgebracht. Nur die Tempelpriesterinnen und der *Pontifex maximus* durften den Raum betreten.

Im Tempel der Vesta hüteten die sogenannten *Vestalinnen* oder Dienerinnen das heilige Feuer. Sie wurden zu dieser ehrenvollen Aufgabe aus den einflussreichsten Familien der Stadt auserwählt.

Die Vestalinnen waren immer zu sechst und versorgten ihre Aufgabe 30 Jahre lang.

Minerva **Diana** **Bacchus** **Merkur**

Das römische Haus

In Rom nannte man die großen Mietshäuser *Insulae*. Der enorme Bevölkerungszuwachs hatte zur Entstehung solcher Häuserblocks geführt, die nicht immer aus dem besten Material gebaut waren. Immer gab es darin auch Wohnungen, die weder über Wasser noch über Bad und Toilette verfügten. In den oberen, niedrigeren Geschossen wohnten in der Regel die ärmeren, in den unteren, höheren Stockwerken mit großen Fenstern und Balkonen die wohlhabenderen Leute.

Im Erdgeschoss besaßen diese Mietshäuser Werkstattläden, die sich zur Straße hin öffneten. Neben den Handwerkern und Händlern boten unzählige Schenkwirte ihre Waren feil, meist vorgekochte Speisen und Wein für all jene, die auf der Straße aßen.

Im Winter heizte man mit Kohlebecken, da es Kamine nicht gab und die kleinen Fenster wurden mit Tüchern und hölzernen Fensterläden verschlossen.

Die Aquädukte

Eine Großstadt wie das kaiserzeitliche Rom benötigte ungeheure Mengen an Wasser. Die Versorgung der Stadt war mit gut elf Aquädukten gesichert, von denen einige noch heute zu sehen sind. Dank eines leichten Gefälles floss das Wasser in einer langen Leitung aus Terrakotta über viele Kilometer. Als hohe Brücken – wahre Meisterleistungen der Ingenieurkunst – überquerten die Aquädukte landschaftliche Senken und Talkessel. In der Stadt angelangt, wurde das Wasser in großen Reservoirs gesammelt und von dort in die Thermenanlagen, die öffentlichen Gebäude und die Häuser der reichen Einwohner Roms geleitet. Wer kein fließend Wasser im Haus hatte, musste sich an den unzähligen Brunnen Roms auf Straßen und Plätzen versorgen.

Die Ernährung

Die Römer aßen sehr viel Gemüse, Obst und Getreide. Mehl aus Gerste und Dinkel bildete lange Zeit die Grundlage für die Hauptmahlzeit, bis es durch gebackenes Brot, das erst später erschien, ersetzt wurde. Nur an den Festtagen aß man Fleisch und Fisch. In den herrschaftlichen Häusern wurde beides hingegen abends als Hauptmahlzeit serviert. Oliven, Eier und Pilze gab es als Vorspeise. Hoch geschätzt waren Schweinefleisch und Wild, doch die beliebteste Mahlzeit bestand in der Regel aus Fisch.

Die römische Villa

Die ältesten Familien Roms lebten in Häusern, die man *Domus* nannte. An ihnen ließen sich die Macht und der Reichtum ihrer Besitzer ablesen. Die Verwendung von kostbaren Materialien wie Marmor, von Dekorationen wie Wandfresken oder Mosaiken ließen ein solches Haus bereits sehr vornehm erscheinen. Doch der wahre Luxus bestand in der Einrichtung von fließendem Wasser im Bad und in den Küchen. Nach Durchschreiten der Eingangstür betrat man für gewöhnlich das *Atrium*, das war eine offene Halle mit einem Wasserbecken in der Mitte zum Auffangen des Regenwassers.

Hinter dem Atrium öffnete sich ein kleiner Garten, der von einer Reihe von Säulen umgeben war und den man *Peristyl* nannte. Von diesem Umgang aus waren all jene Räumlichkeiten des Hausherrn zu erreichen, die für sein öffentliches Leben wichtig waren. Das waren etwa der Speisesaal, der *Triclinium* genannt wurde, die Küchen und der Gästesaal.

Vom übrigen Teil des Hauses getrennt lagen die Schlafzimmer. Sie waren von ihren Ausmaßen bescheidener als die übrigen Räume und befanden sich in der Regel im ersten Stock.

Die Römer deckten ihre Häuser mit flachen Ziegelplatten aus Terrakotta. An den Verbindungsstellen der Ziegelreihen wurden zur Abdichtung Deckziegel angebracht.

Das Mauerwerk

Die Bautechnik des Mauerwerks, das am häufigsten verwendet wurde, war die Trockenmauer. Die Mauer wurde von zwei Seiten als eine doppelte Wand aus Stein errichtet, dazwischen ein dem Beton ähnlicher Mörtel eingefüllt. Das Aussehen der Mauer hing sehr von den Materialien ab, die für die beiden äußeren Schichten verwendet wurden.

Opus Siliceum (unregelmäßig geformte, unterschiedlich große Steine)

Opus Reticolatum (quadratische Steine, netzförmig angeordnet)

Opus Quadratum (regelmäßige, quaderförmige Steinblöcke)

Im Erdgeschoss des Hauses an den der Straße zugewandten Seiten befanden sich kleine Läden und Werkstätten, die entweder an Händler vermietet wurden oder den beruflichen Aktivitäten des Hausherrn selbst dienten.

Die Fußbodenheizung

Die römischen Häuser verfügten über ein Heizungssystem, das aus einer sogenannten Hypokaustenheizung bestand: Luft wurde erwärmt und zirkulierte unter den Zimmerböden und in Hohlräumen im Inneren der Wände. Der Heizofen wurde mit Holz befeuert. Haussklaven versorgten den Ofen und überwachten das Feuer.

Das Leben der vornehmen Römer

Ein Bürger Roms mit seiner Gattin in der Kleidung der Kaiserzeit. Er trägt die *Toga*, sie ist in die *Palla* gehüllt.

In den vornehmen römischen Familien war das Abendessen die wichtigste Zeit des Tages. Der Herr des Hauses empfing sehr oft Gäste oder bot zu ihren Ehren ein aufwendiges Festmahl. Die Eingeladenen wurden nach ihrer Ankunft von einem Diener in den Speisesaal geleitet, der mit drei Liegen, den *Klinen*, ausgestattet war und den man daher *Triclinium* nannte.
Die mittlere Liege war die, welche dem besonderen Ehrengast zugewiesen wurde, während der Hausherr den Platz auf der nächstbenachbarten Kline einnahm.
Die Tischgenossen lagen ausgestreckt, auf die linke Seite gestützt und hielten mit der linken Hand den Teller mit dem jeweils servierten Gericht. Mit der rechten Hand nahm man die Speisen direkt vom Teller, da man hierfür weder Gabel noch Messer benutzte.

Der erste Gang wurde oft von einem leichten Wein begleitet, der mit Honig angerührt war. Während des Hauptgerichts wurde ein weiterer Wein gereicht, vermischt mit warmem oder kaltem Wasser.

Der Tagesablauf des Hausherrn

Unabhängig vom ausgeübten Beruf begann der Tag für die Römer sehr früh. Die Händler und Handwerker in ihren Werkstätten waren früh auf den Beinen wie auch die mit politischen Ämtern ausgestatteten oder die vornehmen und reichen Römer. Die Körperpflege war auf den späten Nachmittag vertagt, wenn der Besuch in den Thermen anstand. Das Mittagessen war eine eher leichte und kurze Mahlzeit. Bevor der Herr das Haus verließ, zog er über die Kleider, die er zu Hause trug, die *Tunika* aus Wolle. Purpurfarbene Streifen an den Säumen verwiesen auf die soziale Zugehörigkeit des Trägers zu einer bestimmten Klasse. Die breitesten Streifen waren den Senatoren vorbehalten.

Über der Tunika trug man die *Toga*, ein unerlässliches Kleidungsstück zum Ausgehen, da man ohne sie für einen Sklaven oder sonst wie randständigen, nicht zur Bürgerschaft Roms gehörenden Menschen gehalten wurde.

Spiegel

Der Hausherr

Die Mächtigen pflegten ihre Interessen, indem sie ihre Klientel direkt im eigenen Haus empfingen.

Mithilfe ihrer als Sekretäre tätigen Sklaven schlossen sie Verträge ab und verhandelten Angelegenheiten des eigenen Unternehmens oder die der unzähligen Kunden und Klienten, die kamen, um ihre üblichen Grüße zu entbieten.

Fibel, eine Spange

Die Toilette der Hausherrin

In Sachen Kleidung pflegte die vornehme Römerin der Kaiserzeit größte Eleganz und Raffinesse. Assistiert von den Haussklaven, verbrachte sie viel Zeit mit dem Zurechtmachen und dem Make-up. Die Zähne wurden mit einer Zahncreme aus Knochenasche gereinigt. Nach dem Schminken warf die Römerin einen prüfenden Blick in den Spiegel, bevor sie sich in die weite *Palla* genannte Stola hüllte, um das Haus zu verlassen. Während des täglichen Besuches der Thermen hielt eine Sklavin die für das Make-up nötigen Utensilien bereit, um dieses notfalls nach dem Bad auffrischen zu können. Die letzte Handlung der Hausdame war es dann, das Make-up vor dem Schlafengehen zu entfernen.

Schule und Spiele

Zum Fest der Göttin Minerva begann das Schuljahr der jungen Römer, denn Minerva galt als Göttin der Weisheit. Im Alter zwischen sechs und elf Jahren erhielten die Kinder bei einem Lehrer, der oft griechischer Herkunft war, Unterricht im Lesen, Schreiben und Rechnen. Da Pergament, das sonst als Schreibunterlage verwendet wurde, sehr kostspielig war, lernte man das Schreiben auf kleinen Wachstäfelchen. Die Buchstaben des Alphabets wurden mit einem Griffel eingeritzt.
Die Kinder der reichen Familien setzten ihre Ausbildung mit einem Studium der griechischen und lateinischen Literatur fort, woran sich eine Rhetorikausbildung anschloss. So konnten sie sich später einer Karriere als Politiker oder Anwalt widmen.

Schultafel

Tintenfass und Schreibfeder

***Abakus*, ein Rechenbrett**

In den gehobeneren Schichten erhielten auch die Mädchen eine einfache Ausbildung. Sie wurden daheim von einem Hauslehrer unterrichtet, den die Eltern aussuchten. Gerade der Kontakt mit der griechischen Kultur erforderte zunehmend eine bessere und genauere Ausbildung.

Bunte Kugeln

Zu Jugendlichen herangewachsen, weihten die Römer ihr Spielzeug den Göttern. Bei den Knaben war diese Feier etwa im Alter von 17 Jahren mit dem Anlegen der ersten Toga verbunden. Die Mädchen widmeten ihr Spielzeug den Göttinnen, wenn sie sich vermählten.

Die Spiele der Kleinkinder

Kleine Kinder hatten im antiken Rom vor allem einfaches Spielzeug wie farbige kleine Kugeln, Kreisel, Würfel und kleine Wagen aus Holz oder Terrakotta. Die Mädchen spielten am liebsten mit Stoffpuppen, die aus Lumpen gebastelt waren, oder Puppen aus Holz.

Im Grab eines kleinen Mädchens, das um 150 n. Chr. gelebt hat, hat man eine hölzerne Gliederpuppe gefunden, welche die Figur einer jungen Frau hat. Alle Glieder dieser Puppe waren beweglich und die Haare waren elegant frisiert.

Gliederpuppe

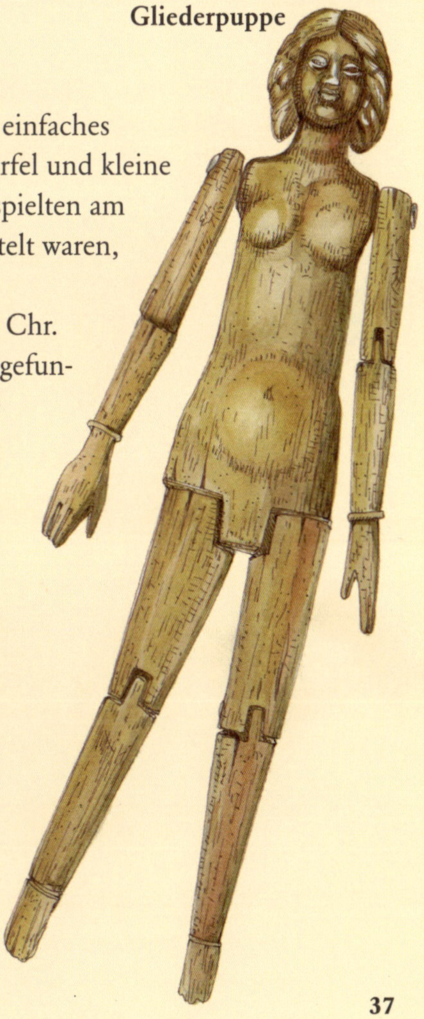

Würfel
und Kreisel

Die Landwirtschaft

Die Urbarmachung des Landes war eine der Hauptquellen für den wirtschaftlichen Wohlstand Roms. In den ersten Jahrhunderten war die landwirtschaftliche Produktion auf unzählige kleine bäuerliche Familienbetriebe verteilt. In den Jahren der militärischen Expansion wurden viele dieser Kleinbauern gezwungen, ihr Land unbewirtschaftet zu lassen, da sie selbst in den Krieg eingezogen wurden.

Als das auf diese Weise herrenlos gewordene Land zum Teil enteignet und verkauft wurde, waren nur die Großgrundbesitzer in der Lage, dieses zu erwerben und ihren Besitz zu vermehren. Mit ihrem eigenen Verdienst als Soldaten konnten sie sich zudem zahlreiche Kriegssklaven kaufen und verfügten so über billige Arbeitskräfte. Die aus solchen größeren Ländereien auf den Markt gelangenden Produkte waren entsprechend preiswert und verdrängten die Produkte kleinerer Produzenten. Diese wurden dadurch ruiniert und mussten ihr Land verkaufen, um als Tagelöhner Arbeit zu suchen.

Die *Bulla*, eine goldene Amulettkapsel, war ein wichtiges Unterscheidungsmerkmal. Sie wurde von den römischen Kindern um den Hals getragen, um ihre Geburt als freie Bürger Roms zu kennzeichnen.

Die Felder wurden mit einer Pflugschar gepflügt, die von Ochsen gezogen wurde.

In der Familie

Die Lebensbedingungen der Sklaven hingen sehr von ihren Arbeitsumständen ab. Lebten sie im häuslichen Umkreis in einer Familie, wurden sie von den Hausherren durchaus mit Menschlichkeit behandelt. Ihre Arbeit bestand dann darin, sich um den Haushalt zu kümmern und hier die niederen Tätigkeiten auszuführen. Wollte der Herr, der *Patron*, einen Sklaven für seine Dienste belohnen, konnte er ihm die Freiheit schenken. Die freigelassenen Sklaven hießen *Liberti* und ihre Kinder wurden als freie Bürger Roms geboren.

Sklaven

In den Eroberungskriegen versklavte Rom die besiegten Völker. Unzählige Sklaven standen den Römern so zur Verfügung und jede Familie hielt sie in unterschiedlicher Menge je nach eigenen finanziellen Möglichkeiten. Die Wohlhabenden besaßen Hunderte von versklavten Frauen und Männern. Wer keinen Patron fand, verblieb in staatlichem Besitz und wurde für die anstrengendsten und niedrigsten Tätigkeiten herangezogen. Viele schufteten im Bergbau oder beim Bau der Aquädukte und Straßen.

Harte Arbeit

Die Lebensbedingungen der Sklaven in der Landwirtschaft waren nicht ganz so schwer wie die der öffentlichen Sklaven. Die Hirten der Herden etwa besaßen gegenüber denen, die Landarbeit verrichteten, wiederum eine gewisse Freiheit.

Das Kolosseum

Das *Amphitheatrum Flavium*, bekannter unter dem Namen Kolosseum, wurde 80 n. Chr. erbaut und seine Eröffnung anschließend in 100-tägigen Festen und Aufführungen gefeiert. Das imposante Bauwerk von mehr als 180 Metern Länge konnte bis zu 50 000 Besucher fassen. Nur die Nordwand ist heute mehr oder weniger intakt erhalten, vermittelt aber eine genaue Vorstellung von der Bauweise. Um die Zuschauermenge vor der Sonne zu schützen, hatte das Amphitheater ein riesiges Zeltdach. Der originale Fußboden ist nicht mehr erhalten, aber die Durchgänge und Kellerräume darunter, aus welchen die Gladiatoren und Raubtiere hervorkamen, um Unterhaltung und Volksbelustigung zu bieten.

Retiarius

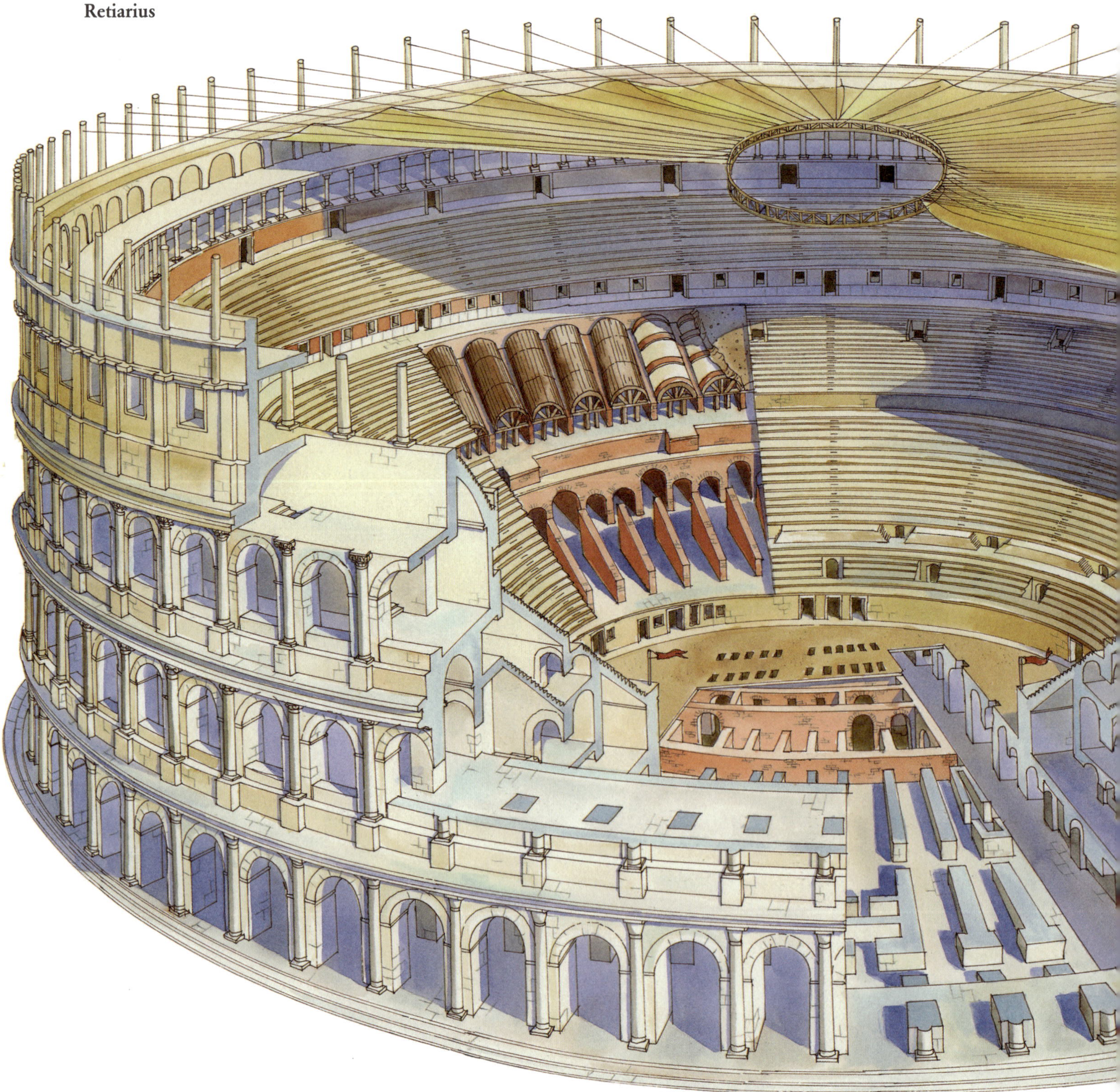

Ein besonderer Helm

Der Kopf des Secutor war von einem Helm geschützt, der eine besondere Form hatte. Er musste sich bemühen, vom Netz des Retiarius nicht gefangen zu werden.

Der Kampf zwischen den Gladiatoren

Der Schaukampf zwischen zwei Gladiatoren faszinierte das Publikum besonders. Im Allgemeinen waren solche Kontrahenten Sklaven oder Kriegsgefangene, die eine harte Ausbildung erhielten, bevor sie die Arena betraten.
Die Kämpfe waren blutig und sehr grausam und endeten oft mit dem Tod eines der beiden Kontrahenten. Die historischen Quellen berichten von ungefähr 20 verschiedenen Gattungen von Gladiatoren. Zu den bekannteren gehören der mit einem Netz und einem Dreizack bewaffnete *Retiarius* sowie der *Secutor* mit einem Rechteckschild *(Scutum)* und dem Kurzschwert *(Gladius)*.

Mechanik für das Einlassen der Tiere in die Arena

Unterirdische Mechanik

Die Schaukämpfe zwischen Gladiatoren und die Tierhetzen gehörten zu den beliebtesten, aufwendigsten und kostspieligsten Unterhaltungsveranstaltungen in der Arena. Mithilfe von Maschinen im Bereich der Unterkellerung erschienen die Raubtiere völlig überraschend in der Arena, was die Begeisterung des Publikums erst recht anstachelte.

Inhalt

Michele Angelico

Entdeckungsreise in die Antike

Das antike Griechenland

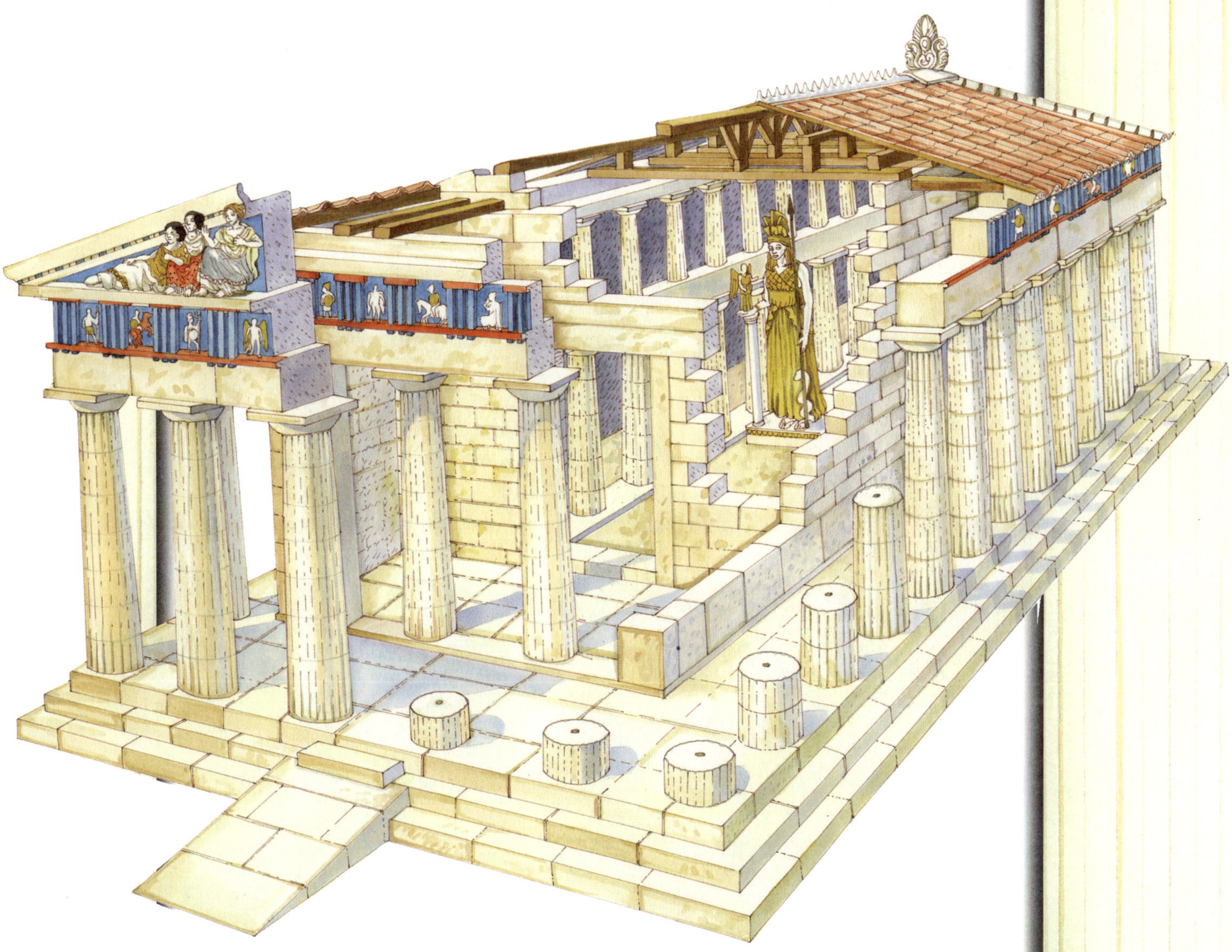

Das antike Griechenland

Die älteste Kultur auf europäischem Boden entstand auf den Inseln, die dem griechischen Festland vorgelagert sind. Schon 2000 v. Chr. gab es auf Kreta die Kultur der Minoer, eine hoch entwickelte Gesellschaft, die auch die ersten Schriftzeichen hervorbrachte.
Noch heute sind zwischen den Mauerresten der einst auf Kreta erbauten großen Paläste Wandmalereien zu sehen, die uns von kunstliebenden und glücklichen Menschen erzählen.

Athenische Münze mit Eule

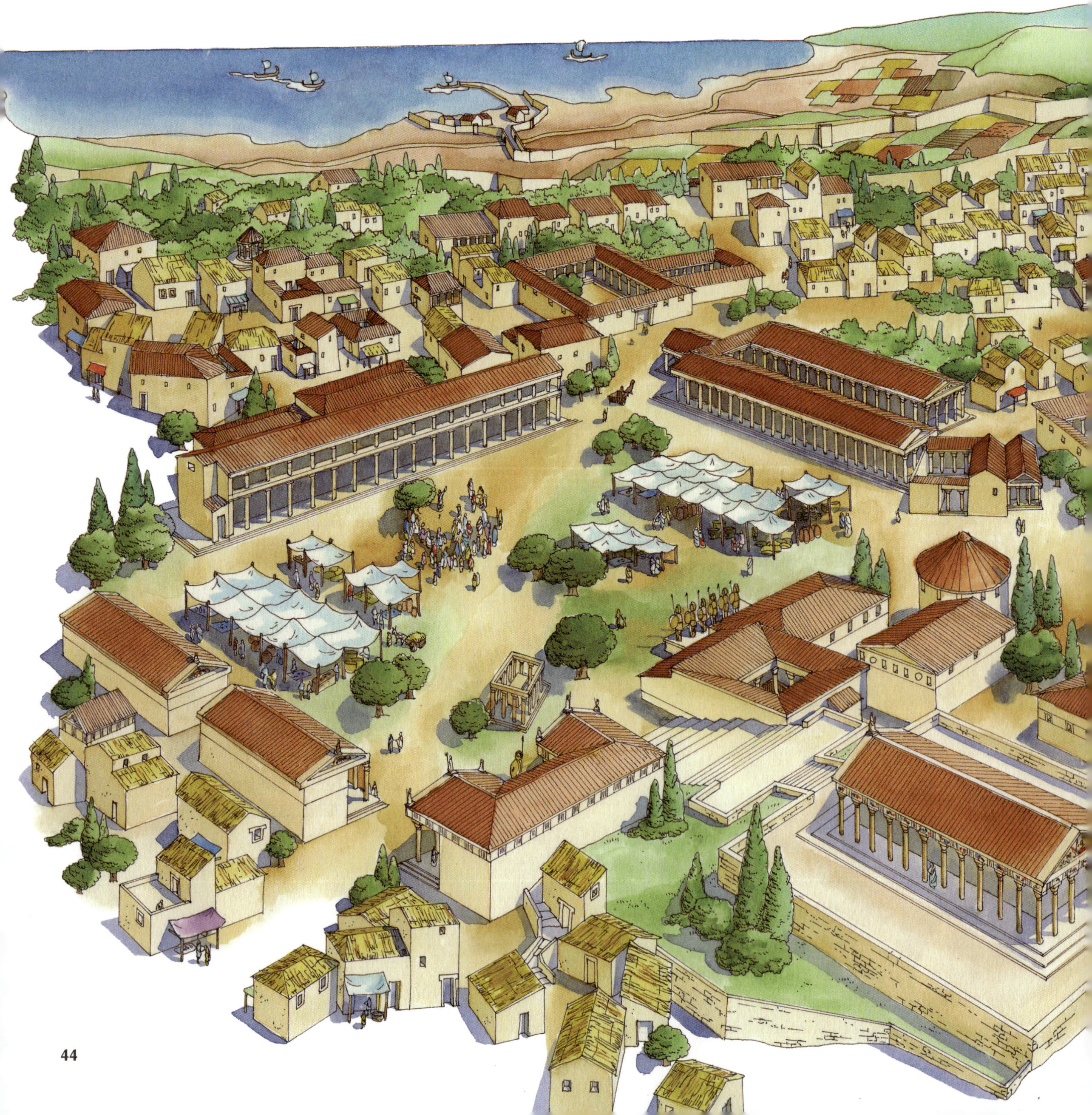

Etwa vier Jahrhunderte später besiedelten die Achaier das griechische Festland und vor allem die Halbinsel Peloponnes. Dort entstand die mykenische Kultur. Diese griechisch sprechenden Indogermanen breiteten sich über das ganze Ägäische Meer aus und vertrieben die in diesen Gebieten lebenden Ionier. Mächtige und zu allem entschlossene Krieger errichteten festungsartige Palastanlagen.

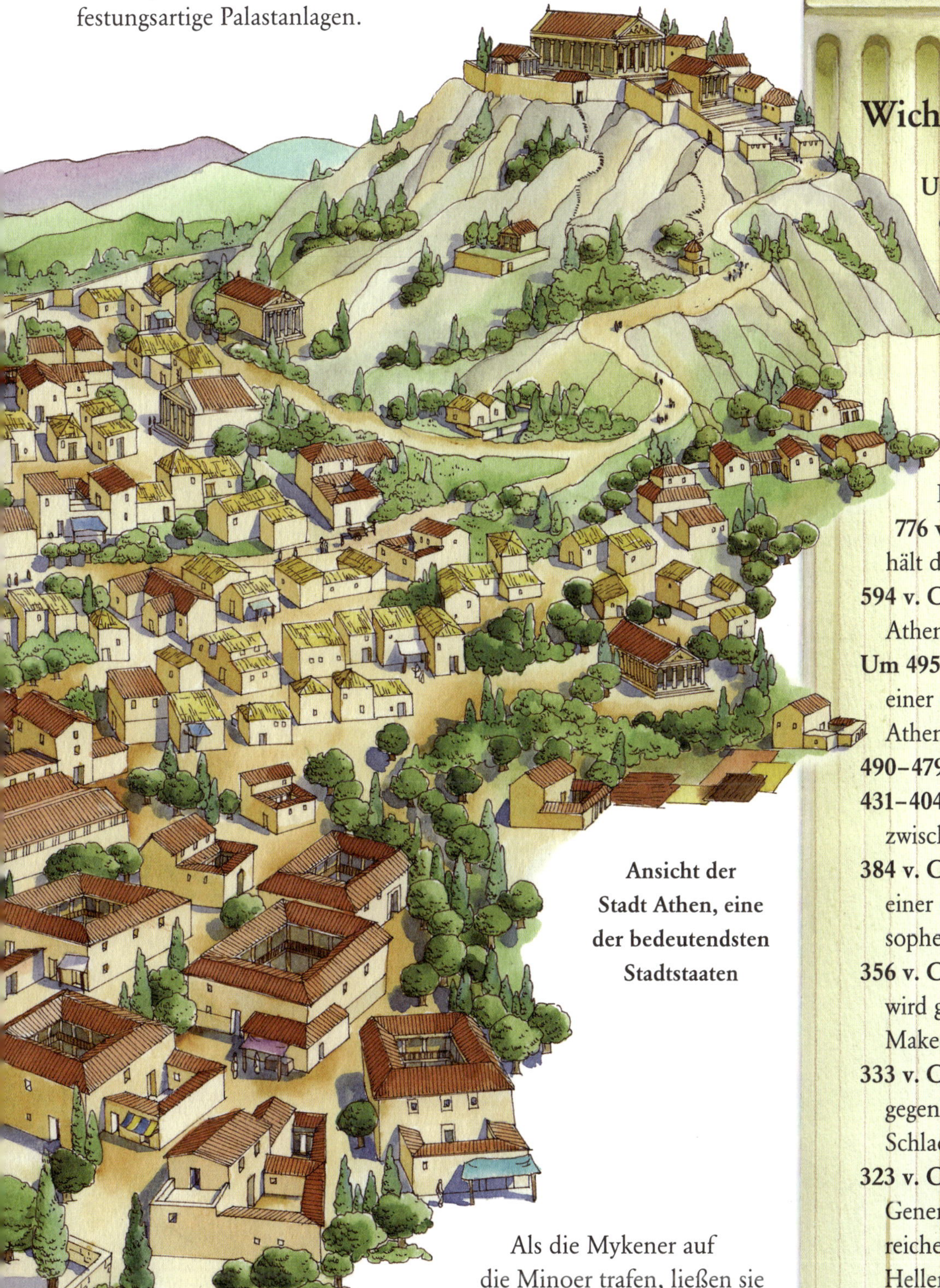

Ansicht der Stadt Athen, eine der bedeutendsten Stadtstaaten

Als die Mykener auf die Minoer trafen, ließen sie sich von der hoch entwickelten minoischen Kultur beeinflussen und bedienten sich der bereits vorhandenen Handelswege im ganzen Mittelmeerraum. Auf dem Höhepunkt ihrer Macht dehnten sie ihre Herrschaft über ganz Kreta aus, aber mit der Ankunft der Dorier sollte sich das Schicksal Griechenlands in den folgenden Jahrhunderten verändern.

Wichtige Daten

Um 2000 v. Chr. Entstehung der minoischen Kultur

Um 1600 v. Chr. Achaier besiedeln die Peloponnes.

Um 1450 v. Chr. Palast von Knossos brennt.

Um 1250 v. Chr. Ankunft der Dorier in Griechenland

8. Jh. v. Chr. Entstehung der Poleis

776 v. Chr. Iphitos, König von Elis, hält die ersten Olympischen Spiele ab.

594 v. Chr. Solon wird Archon von Athen.

Um 495 v. Chr. Perikles wird geboren, einer der größten Staatsmänner Athens.

490–479 v. Chr. Perserkriege

431–404 v. Chr. Peloponnesischer Krieg zwischen Sparta und Athen

384 v. Chr. Aristoteles wird geboren, einer der größten griechischen Philosophen.

356 v. Chr. Alexander der Große wird geboren, legendärer Feldherr von Makedonien.

333 v. Chr. Alexander der Große siegt gegen den Perser Dareios III. in der Schlacht von Issos.

323 v. Chr. Alexander stirbt, seine Generäle teilen das Reich in drei Großreiche und leiten so das Zeitalter des Hellenismus ein.

Vom Mittelalter bis zu den Stadtstaaten

Mit dem Ende der Macht der Mykener begann für Griechenland ein Zeitalter, das ungefähr vier Jahrhunderte dauerte und als griechisches Mittelalter bezeichnet wird. Mit der Ankunft der Dorier kam es zu zahlreichen Völkerwanderungen auf die Inseln der Ägäis und an die Küsten Kleinasiens. Zur selben Zeit entstanden kaum noch schriftliche Aufzeichnungen, was es schwer macht, die damaligen Ereignisse zu rekonstruieren.

Die neue soziale Ordnung der Dorier, die in der Vorherrschaft der untereinander verwandten großen Familien bestand, führte allmählich zum Machtverlust des Königs und begünstigte die Entstehung von Stadtstaaten *(Poleis)*. Die Poleis waren dicht besiedelte Gebiete, die aus einer oder mehreren Städten und dem an sie angrenzenden Umland bestanden. Ihre Einwohner entwickelten allmählich ein Gemeinschaftsgefühl und wurden zu Bürgern und freien Menschen, die miteinander diskutierten und Entscheidungen trafen.

Gefäß mit figürlichen Darstellungen

Frachtschiff

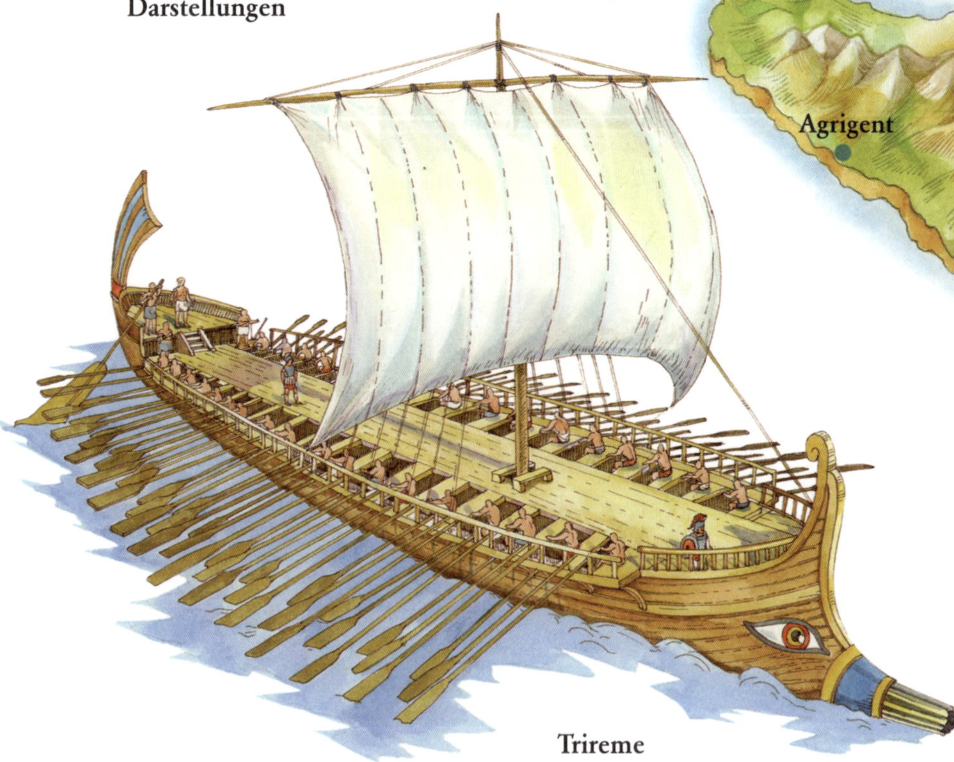

Trireme (Kriegsschiff)

Im Meer von Sizilien gefundene Bronzestatue von Riace

Großgriechenland

In Sizilien und Süditalien entstanden zahlreiche Kolonien. Das gesamte Gebiet erhielt den Namen *Magna Graecia*. Da das Land fruchtbar und gut zu erreichen war, entstanden Siedlungen, deren Spuren noch heute sichtbar sind.

Durch den Mangel an natürlichen Ressourcen im eigenen Land sahen sich die Griechen gezwungen, große Teile des Mittelmeerraumes und die Küstengebiete am Schwarzen Meer zu besiedeln. Um besser Handel treiben zu können, errichteten sie entlang ihrer Seewege Kolonien, die von den Mutterstädten unabhängig waren.

Das Volk der Hellenen

Obwohl die Poleis kleine selbstständige Staaten waren, fühlten sich die Griechen als nur einem Volk zugehörig, dem Volk der *Hellenen*. Sie teilten die gleiche Sprache, die gleichen Mythen, verehrten die gleichen Götter und gehörten daher einer gemeinsamen Kultur an.

Sparta wurde von dorischen Adligen beherrscht, während Athen von den Ioniern demokratisch regiert wurde. Beide waren unerbittliche Feinde im Peloponnesischen Krieg, der 30 Jahre dauerte.

Die Kultur Kretas

In der Zeit von 2000 bis 1300 v. Chr. breitete sich auf der Insel Kreta eine der ältesten Kulturen des Mittelmeergebiets aus. In den bedeutendsten Ortschaften Knossos und Festos entstanden riesige Palastanlagen, die sich zu wirtschaftlichen Zentren der Insel entwickelten. Die Kreter besaßen eine gute Seeflotte, die ihnen die Vorherrschaft über das gesamte östliche Mittelmeer sicherte. Mehr als sechs Jahrhunderte konnten sie ihren Reichtum durch Handelsgeschäfte vergrößern und ohne Angst vor feindlichen Angriffen wachsen und gedeihen. Der plötzliche Niedergang dieser Kultur könnte auf eine Naturkatastrophe, etwa ein heftiges Erdbeben, zurückzuführen sein und höchstwahrscheinlich auf das sich anschließende Eindringen der Mykener.

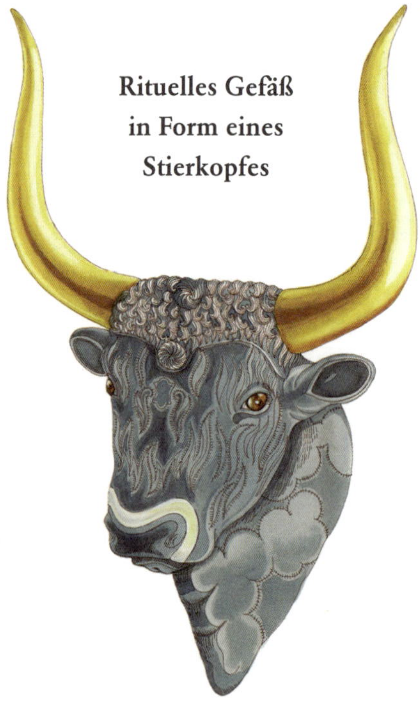

Rituelles Gefäß in Form eines Stierkopfes

Die Kreter waren gute Handwerker, die Töpferware, Stoffe und Werkzeuge aus Bronze herstellten. Andere typische Erzeugnisse waren Wein, Olivenöl und Holz, die von Kleinasien bis nach Ägypten exportiert wurden.

Die Waren wurden auf Straßenmärkten zum Tausch angeboten.

Theseus stellt sich Minotaurus im Labyrinth von Knossos

Theseus und der Minotaurus

Nach der Legende war in dem Labyrinth unter dem Palast von Knossos ein Ungeheuer eingesperrt, zwar in Menschengestalt, aber mit Stierkopf und Appetit auf junges Menschenfleisch. Sein Name war Minotaurus. Der Held Theseus trat ihm entgegen und konnte ihn mithilfe der Prinzessin Ariadne töten. Ariadne hatte ihm ein Fadenknäuel mitgegeben. Der Faden, den er auf seinem Weg ins Labyrinth abwickelte, diente als Markierung. Nachdem er den Minotaurus getötet hatte, konnte er somit den Ausgang wiederfinden.

Die Schriftzeichen

In dem Palast von Festos wurde eine tönerne Scheibe mit einer für die antike Welt einzigartigen Inschrift gefunden. Die Wissenschaftler glauben nicht daran, dass sie ursprünglich von Kreta stammt, denn die Kreter besaßen ein Schriftsystem mit sehr einfachen Zeichen, die sogenannte Linearschrift A, die noch nicht entziffert werden konnte. Später entwickelte sich eine andere Schrift, die sogenannte Linearschrift B. Da diese auch auf dem griechischen Festland gefunden wurde, ließ sie sich nicht allein den Kretern, sondern ganz Griechenland zuordnen.

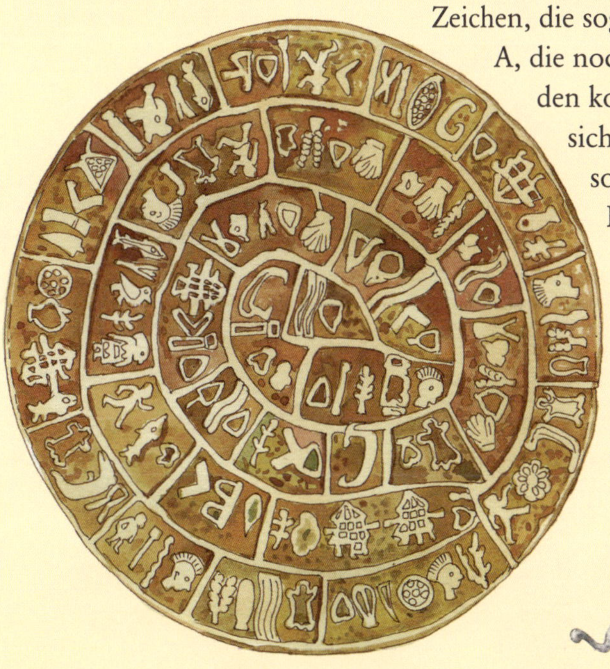

Tonscheibe von Festos mit Bildmotiven

Die Frauen von Kreta

Die aufgefundenen Wandmalereien und Siegelbilder lassen darauf schließen, dass die Frauen der Insel größere Bedeutung und mehr Freiheiten hatten, als es bei antiken Völkern sonst üblich war. Es gibt Darstellungen von Priesterinnen bei religiösen Tätigkeiten, aber auch von Wettkämpferinnen, die gefährliche Sprünge über den Rücken eines Stiers ausüben. Die Frauen führten auch dieselben Arbeiten wie die Männer aus, gerade auch in wichtigen Bereichen der handwerklichen Produktion, wie etwa der Töpferei.

Der Palast von Knossos

Die eindrucksvollen Palastreste von Knossos zeigen eine der interessantesten Architekturformen der vorhellenistischen Zeit. Die Palastanlage wurde 1700–1600 v. Chr. erbaut und besaß keine Stadtmauer, um sich vor Angriffen zu schützen. Die Anlage war sehr weitläufig, rechteckig angelegt und erstreckte sich auf einer Länge von mehr als 130 Metern. Es gab unzählige Räume, die sich zu Innenhöfen öffneten und auf mehrere Stockwerke verteilt waren. Vermutlich gehörten sie zum Königspalast, boten aber auch Raum für das öffentliche Leben, Werkstätten und die Lagerung von Waren.

Zeichnung eines Delfins auf einer Wandmalerei des Palastes

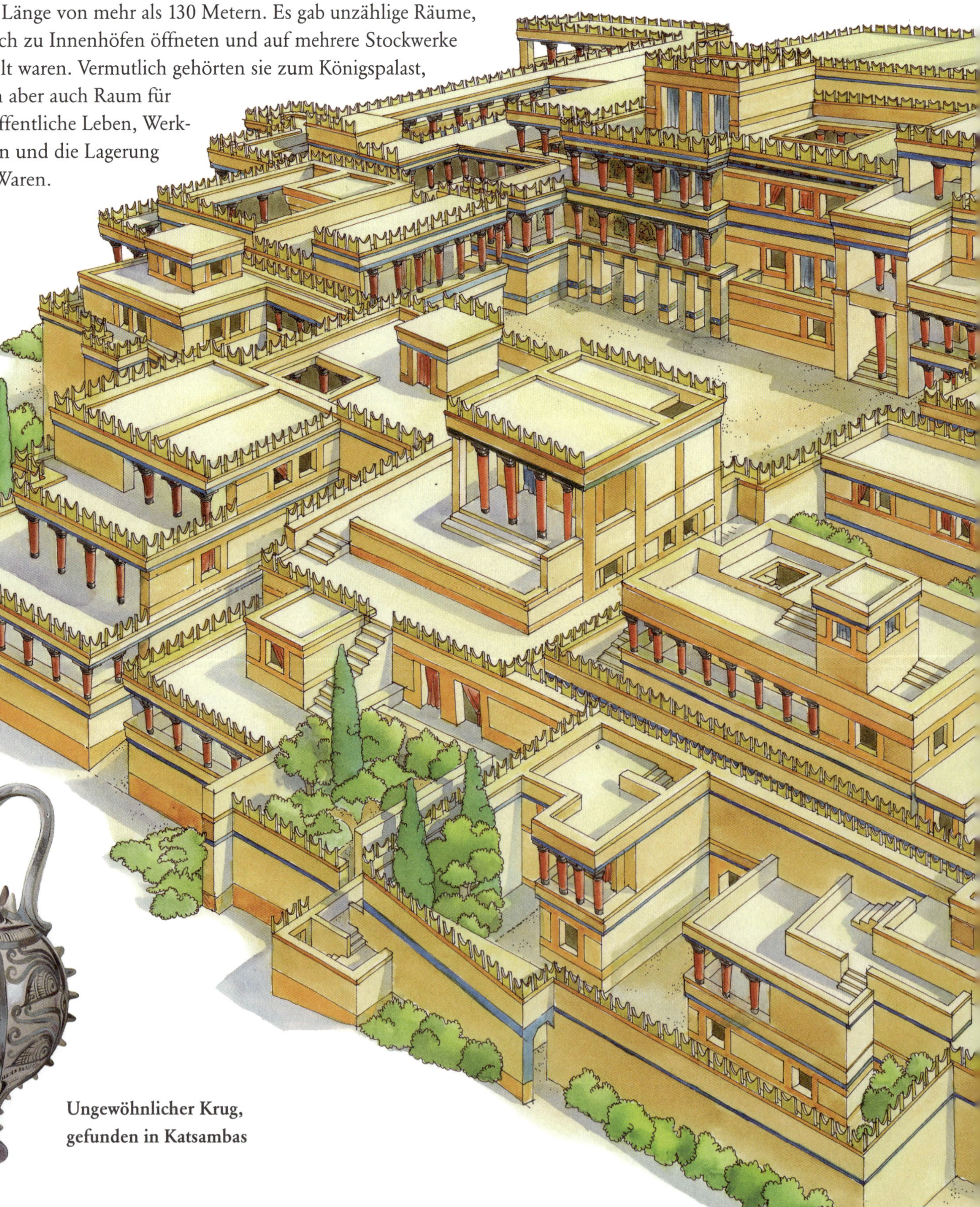

Ungewöhnlicher Krug, gefunden in Katsambas

Durch die Bogengänge mit ihren charakteristischen Säulen fiel Licht in die zahlreichen Räume des Palastes.

Das Stierspringen

Einige Bereiche des Palastes von Knossos waren mit prächtigen Wandmalereien geschmückt, die den Alltag der Kreter abbildeten. In einer Szene ist das sehr schwere und gefährliche Stierspringen wiedergegeben. Dabei packten sowohl männliche als auch weibliche Athleten die Hörner eines angreifenden Stiers. Sie nutzten den Schwung des Stierkopfes nach hinten, um sich im Salto über den Rücken des Tieres zu schwingen und hinter ihm wieder auf dem Boden zu landen.

Junge Kreter führen den gefährlichen Sprung über den Stier aus.

Die Töpferkunst der Kreter

Die Herstellung von Gefäßen aus Keramik wurde durch den Gebrauch einer Töpferscheibe erheblich verfeinert. Die mit dieser Technik angefertigten dünnwandigen Schalen wurden „Eierschalen“-Keramiken genannt. Auf die ersten Keramiken mit geometrischen Mustern folgten später Motive aus der Pflanzen- und Tierwelt. Von besonderer Schönheit waren Meeresmotive in Gestalt eines Kraken oder Delfins.

Die Mykener

Die mykenische Kultur entwickelte sich um das 17. Jahrhundert v. Chr. mit der Ankunft der Achaier im ägäischen Raum. Der Name dieser Kultur stammt von Mykene ab, der bedeutendsten und mächtigsten Stadt, die von den Achaiern gegründet wurde. Um 1450 v. Chr. erlebte die Stadt Mykene eine Blütezeit, die ungefähr 300 Jahre andauerte, denn mit der zunehmenden Kontrolle über die Handelsgeschäfte im Mittelmeerraum stieg sie zu einer der größten Mächte dieser Zeit auf. Um 1300 v. Chr. begannen die Arbeiten zur Befestigung der Palastanlage. Es entstanden ein monumentales Eingangstor und der Palast der Akropolis. Auf der Höhe ihrer Macht eroberte Mykene um 1200 v. Chr. die Stadt Troja. Nur kurze Zeit später zerstörte ein Feuer einen Großteil der Akropolis.

Dolch aus Bronze

Kopf eines Kriegers, verziert mit Elfenbeinzähnen

Der Eingang der Akropolis von Mykene war ein mächtiges Tor, über dem zwei in Stein gemeißelte Löwen wachten.

Außerhalb der Befestigungsmauer von Mykene wurden große, aus Steinblöcken errichtete Grabmäler *(Tholoi)* entdeckt, die aus runden Grabkammern bestanden und mit Kuppeln überdacht waren. Das bekannteste dieser Kuppelgräber ist das „Schatzhaus des Atreus", das anscheinend in derselben Zeit entstand wie das Löwentor.

In den Grabbauten, die innerhalb der Befestigungsmauer errichtet wurden, fand man wertvolle Grabbeigaben wie goldene Masken, Waffen und kostbare Töpferware.

Die achaischen Krieger waren mit Bronzeschwertern bewaffnet und durch eine Rüstung, die ebenfalls aus Bronze bestand, geschützt.

Die Achaier

Die Geschichtsforscher glauben, dass die Achaier vom griechischen Festland kamen und sich um 1600 v. Chr. auf der Peloponnes niederließen. Diese mit bronzenen Schilden und Schwertern bewaffneten Krieger gründeten unabhängige Reiche, von denen Mykene das bedeutendste war. In nur wenigen Jahren dehnten sie ihre Herrschaft auf alle Inseln des Ägäischen Meeres aus. Auch Kreta blieb letztendlich nicht verschont. Einige Spuren weisen darauf hin, dass der Palast von Knossos in Flammen gestanden haben muss, was auf eine gewaltsame Eroberung schließen lässt.

Die Mauer

Die Stadt Mykene wurde durch eine Mauer geschützt, die aus sehr großen Steinblöcken bestand. In der Breite erreichte sie acht Meter und in der Höhe vermutlich mehr als 8,5 Meter. Diese mächtige Befestigungsmauer hatte eine Gesamtlänge von ungefähr 900 Metern.

Die Entstehung der Stadtstaaten

Mit dem Beginn des 8. Jahrhunderts v. Chr. setzte eine neue Entwicklungsphase in ganz Griechenland ein. Der landbesitzende Adel, der vom alten Kriegeradel abstammte, hatte der Landwirtschaft neue Impulse gegeben. Nahrungsmittel waren nunmehr reichlich vorhanden und begünstigten das Wachstum der Bevölkerung. Die Menschen schlossen sich zu Gemeinschaften zusammen, aus denen sich später die Poleis entwickelten.

Stadt, Land und freie Bürger

Die *Polis* umfasste das Stadtzentrum, die umliegende landwirtschaftlich genutzte Fläche und alle freien Bürger, die in ihr lebten. Der höher gelagerte Teil der Stadt, der früher als Wohnsitz des Herrschers diente, war für die Schutzgöttin der Polis bestimmt. Im unteren Teil entwickelten sich das Wohngebiet und der Hauptplatz, die sogenannte *Agora*, wo Handel getrieben wurde und sich die Bürger tagtäglich trafen.

Die fruchtbarsten Ländereien lagen in unmittelbarer Nähe des Stadtzentrums. Auf den weiter entfernt liegenden Weiden befand sich das Vieh.

Eule, Symbol von Athen

Jede Polis war einer Gottheit geweiht, die Wohlstand und Schutz garantieren sollte. Im Tausch dafür feierte die Stadtbevölkerung besondere Rituale und erbrachte Opfergaben. Alle Mitglieder dieser Gemeinschaft mussten daran teilnehmen.

Statue der Göttin Athene

Die Stadt als Vaterland

Jede Stadt hatte ihre eigene Gottheit und die Stadtbewohner fühlten sich ihr sehr verbunden. Es wurde ein wahrer Kult um die städtische Unabhängigkeit getrieben. Die Konkurrenz unter den verschiedenen Gemeinschaften spielte bei der Entwicklung der griechischen Kultur eine sehr wichtige Rolle und gab den Impuls für das Entstehen neuer Städte, war aber auch der Grund für die Unmöglichkeit einen einzigen hellenischen Staat zu schaffen. Denn diese Zersplitterung verhinderte es, einen angemessenen Widerstand gegen die Besetzungen der Makedonier und Römer zu leisten.

Landwirtschaft und Handel

Das griechische Festland besaß kaum flaches Land, um genügend Nahrungsmittel für eine wachsende Bevölkerung anzubauen. Die Böden zwischen den Hügeln waren der sommerlichen Trockenheit ausgesetzt. Da es ein ungünstiges Klima für den Ackerbau war, wurden Weinreben und Olivenbäume angepflanzt. Weizen und Gerste mussten aus Übersee eingeführt werden, was die Griechen oft fernab ihrer Heimat brachte. Dank der blühenden Handelsgeschäfte konnten Olivenöl, Wein und handwerkliche Erzeugnisse gegen Getreide und Metalle, die auf dem Festland knapp waren, getauscht werden.

Zahlreiche Herden von Schafen und Ziegen lieferten Milch, Wolle und Fleisch. Da sie nur Gras fraßen, waren sie besonders geeignet, um auf der mediterranen Steppe *(Macchia)* zu weiden.

Ein kostbares Erzeugnis

Die Herstellung von Olivenöl war eine der Hauptaufgaben der Arbeiter auf dem Land. Die kostbare Flüssigkeit wurde nicht nur als Nahrung genutzt, sondern auch zur Reinigung des Körpers und um Licht zu erzeugen. Die Ernte der Oliven fand im Winter statt. Den ganzen Dezember lang wurden die reifen Früchte von den Bäumen geschlagen. Nachdem die Bauern mit langen Stöcken die Baumreihen durchlaufen hatten, sammelten sie die Oliven von der Erde auf und brachten sie zur Pressung.

Öl und Wein wurden in Transportgefäße, die *Amphoren*, gefüllt und auf große Frachtschiffe verladen.

Um den Warenverkehr zu erleichtern, wurden Stützpunkte im gesamten Mittelmeerraum gegründet. An diesen Orten entstanden Siedlungen der Griechen, die vor der Armut des Heimatbodens auf der Flucht waren.

Die Pressung der Oliven war eine mühevolle Arbeit und wurde von den Sklaven verrichtet. Das Öl wurde in Tontöpfen aufgefangen, während die Pressrückstände als Schmiermittel weiterverwendet wurden.

Die Agora

Das öffentliche Leben in der Polis Athen spielte sich auf dem Marktplatz, der *Agora*, ab. An diesem Ort wurden die ersten demokratischen Versammlungen der Welt abgehalten. An den Rändern des Platzes wurden lange Säulengänge errichtet, die man *Stoa* nannte. Auf der Agora trafen sich die Stadtbewohner mit Freunden, machten Geschäfte, diskutierten über Politik und lauschten den Gedanken der gebildeten Philosophen. In den Säulenhallen befanden sich Marktstände der Kaufleute und einige öffentliche Einrichtungen. Ein Brunnen lieferte den Frauen Wasser, damit sie waschen und ihre Krüge für den Hausgebrauch füllen konnten. Während der persischen Besetzung wurden viele Gebäude beschädigt, aber schnell wieder aufgebaut, kaum dass man die Eindringlinge vertrieben hatte.

Durch den Hafen von Piräus erreichten Waren aus der ganzen Welt die Stadt Athen. Wolle, Wein und Olivenöl aus der eigenen Herstellung wurden gegen hochwertige Stoffe und feine Seide aus dem Orient getauscht.

Athen war eine der ersten griechischen Städte, in der Münzen „geschlagen“ wurden. Das in Silber geprägte Bild der Eule, Symbol der Stadt, wurde sehr schnell zum Tauschmittel, das von allen Händlern akzeptiert wurde.

Die Töpferwerkstatt

Zu den Haupttätigkeiten der Handwerker zählte die Herstellung von Keramikvasen. In Athen gab es einen ganzen Bezirk mit Töpferwerkstätten. Die Qualität der handgefertigten Waren wurde im ganzen Mittelmeerraum geschätzt. Einige Werkstätten entstanden dicht neben der Agora, sodass die Töpferwaren direkt verkauft werden konnten.

Die ältesten Verzierungen auf Tongefäßen bestanden aus geometrischen Mustern. Später wurden sie durch schwarze figürliche Darstellungen vor rotem Hintergrund ersetzt. Gegen Ende des 6. Jahrhunderts setzte sich die umgekehrte Technik durch, bei der rote figürliche Darstellungen vor schwarzem Hintergrund bevorzugt wurden.

Das alltägliche Leben

Um das 5. Jahrhundert v. Chr. genossen die männlichen und freien Bürger der Poleis Rechte und Vorteile, die die Frauen nicht hatten. Vor allem die Frauen aus wohlhabenden Familien waren vom sozialen Leben ausgeschlossen. Sie verbrachten den Tag in den Frauenräumen, den sogenannten *Gynaikonitis*, die sich im hinteren Teil des Hauses befanden.

Auch die im demokratischen Athen lebenden Frauen nahmen nicht am politischen Leben teil und waren von wichtigen Bereichen des sozialen Lebens, wie etwa der Bildung, ausgeschlossen. In den anderen Poleis scheinen sie mehr Freiheiten genossen zu haben. In Sparta wurden sie zu körperlichen Tätigkeiten ermutigt, um kraftvolle Mütter der zukünftigen wehrfähigen Männer zu werden.

Puppen und Spielfiguren aus Ton

Die griechischen Frauen gingen innerhalb der häuslichen Mauern sehr wichtigen Beschäftigungen nach. Egal ob sie den armen oder wohlhabenden Schichten angehörten, sie spannen Wolle und webten Stoffe, die zur Herstellung von Kleidungsstücken und Matten notwendig waren.

Die Erziehung

Von Kindheit an lernten die Jungen der wohlhabendsten Familien Athens das Schreiben und Lesen in Privatschulen. Die aus ärmeren Familien stammenden Jungen erlernten ein Handwerk oder wurden auf die Felder geschickt.

Die Frauen erhielten keinerlei Ausbildung und konnten bis auf einige Ausnahmen nicht schreiben. Egal welcher sozialen Schicht sie angehörten, gingen sie Arbeiten wie dem Kochen, Weben und Spinnen nach.

Das Symposion

Zum Abendessen nutzen die Männer die Gelegenheit, sich mit Freunden zu treffen, zu unterhalten und eine gesellige Zeit zu verbringen. Eine solche Zusammenkunft nennt man *Symposion*. Die normale Nahrung, Brot, Käse und Obst, wurde durch ausgewählte Speisen mit Fisch und Fleisch ersetzt. Musik und Wein trugen dazu bei, den Abend vergnüglich zu gestalten.

Die Demokratie

In der Stadt Athen dauerte der Übergang von der Monarchie zur Demokratie viele Jahre. Um 950 v. Chr. war der erste Schritt mit der Einrichtung einer adligen Regierung, der drei hohe Beamte vorstanden, getan. Die Macht der Beamten nahm ab, als Solon 594 v. Chr. neue Gesetzte zugunsten der ärmsten Schichten einführte. Fortan gab es ein Tribunal und eine Ratsversammlung, die sogenannte *Bule*. Die Bule bestand aus Bürgervertretern, die die Aufgabe hatten, Themen festzulegen, die bei den Volksversammlungen zu diskutieren waren.
Nach ungefähr 90 Jahren erließ Kleisthene neue Regeln, die eine Einteilung der Bürger von Attika in zehn Volksstämme vorsahen. Jeder Stamm brachte dieselbe Anzahl an Männern in die Bule ein.
Im Jahr 487 v. Chr. legte ein besonderes Gesetz fest, dass die Kandidaten, die das Amt des Beamten bekleideten, ausgelost und nicht gewählt werden sollten. Damit sollte verhindert werden, dass die alte Adelsherrschaft die führenden Ämter der Stadt mit eigenen Männern besetzen konnte. Nach diesen Reformen und der Einführung des Ostrakismos war die Macht schon Mitte des 5. Jahrhunderts an die Volksversammlung, die *Ekklesia*, übergeben worden.

Redner

Wasseruhr

Wer das Wort bei den Versammlungen oder den Tribunalen ergriff, hatte nur eine begrenzte Zeit, um seine eigenen Ideen vorzutragen. Da es noch keine Uhren gab, wurde die Dauer des Vortrags mit einer Wasseruhr gemessen. Die Redner wussten, dass sie zum Ende kommen mussten, wenn das Wasser des oberen Behälters gänzlich in den unteren Behälter gelaufen war.

Büste des Perikles

Die Reform von Perikles

Perikles gehörte zu den einflussreichsten Persönlichkeiten der Stadt Athen, als sich diese auf der Höhe ihrer Macht befand. Als General und Staatsmann führte er eine entscheidende Wende hin zu einer vollendeten Demokratie durch, indem er den Bürgern, die öffentliche Ämter ausübten, ein Gehalt bezahlte.
Nach dem Einfall der Perser war er verantwortlich für die Wiedergeburt der Stadt. In seiner Epoche, die auch als „Goldenes Zeitalter" bezeichnet wird, wurde der Parthenon-Tempel erbaut.

Rekonstruktion eines Auslosungsgeräts

Während der Verhandlungen wurden die Angeklagten vor ein Volksgericht gestellt, deren Mitglieder durch das Losverfahren immer neu zusammengesetzt wurden. Dieses Verfahren garantierte Unparteilichkeit und verhinderte Bestechlichkeit.
Die Meinung der Richter wurde mittels einer Stimm-Marke aus Bronze zum Ausdruck gebracht. Wenn der Angeklagte für unschuldig gehalten wurde, dann legte man die Stimm-Marke mit der undurchbohrten Achse in die Wahlurne, die Stimm-Marke mit durchbohrter Achse bedeutete einen Schuldspruch.

Das Losverfahren der Volksrichter war ziemlich kompliziert. Der Name des jeweiligen Bürgers, der als Geschworener im Dienst war, stand auf einer Bronzescheibe, die in den Korb des Stammes, dem er angehörte, gelegt wurde. Aus jedem Korb wurde dieselbe Anzahl an Namen gezogen.

Das Scherbengericht

Bürger, die eine Gefahr für die Demokratie darstellten, konnten für zehn Jahre aus dem Land verbannt werden. Bedingung dafür waren 6000 wahlberechtigte Bürger, die bei der Abstimmung den Namen des Beschuldigten auf eine Tonscherbe zu schreiben hatten. Dieses Verfahren nannte sich *Ostrakismos*, abgeleitet von *Ostrakon*, der griechischen Bezeichnung für Tonscherbe.

Tonscherben mit eingraviertem Namen

Sparta

Die Stadt Sparta, antike Hauptstadt der Achaier im Reich des Menelaos, wurde zur mächtigsten Polis der Peloponnes. Nach dem Eindringen dorischer Stämme wurde das Land rund um die Stadt aufgeteilt und ging an die Oberhäupter der kriegerischen Familien, die sich die achaische Bevölkerung unterwarfen.

Die neuen Herrscher, Spartaner genannt, gründeten ihre Macht auf Waffengewalt. Obwohl sie in der Minderzahl waren, konnten sie sich gegenüber einem bei Weitem überlegenen Volk behaupten und eine oligarchische Regierung, also eine Regierung, die sich nur aus wenigen Personen zusammensetzt, errichten.

Die Spartaner waren die Einzigen, die Rechte besaßen. Sie beschäftigten sich ausschließlich mit ihrer militärischen Ausbildung.

Bronzestatue, die einen Krieger darstellt

Die Gesetzgebung von Lykurg

Nach der Legende war das Regierungssystem Spartas das Werk von Lykurg. Dieser legendäre Gesetzgeber soll eiserne Regeln aufgestellt haben, nachdem er das Orakel von Apoll und Delphi zurate gezogen hatte. Lykurg wird oft von antiken Geschichtsschreibern wie Plutarch erwähnt, bleibt aber eine rätselhafte Figur, deren wirkliche Existenz von modernen Geschichtswissenschaftlern angezweifelt wird.

Die Oligarchie

Zwei Bürger der einflussreichsten Familien trugen den Titel König und kommandierten das Heer in Kriegszeiten. In Friedenszeiten wurde die Regierung einer Versammlung anvertraut, die aus nur einigen einflussreichen Bürgern bestand und als *Gerusia* bezeichnet wurde. Die Spartaner, die älter als 20 Jahre waren, nahmen an einer Versammlung, der *Apella,* teil. Ihr Einfluss war durch ein eingeschränktes Stimmrecht begrenzt. Die *Ephoren* waren Aufseher, die auf die Einhaltung der Gesetze achteten.

Das Gesetz von Lykurg sah vor, dass Kinder im Alter von sieben Jahren ihre Familien zu verlassen hatten. Sie begannen mit einer harten militärischen Ausbildung, bis sie 20 Jahre alt waren, und die sie im Dienste der Armee fortsetzten. Die Mädchen trainierten sich in Sportarten, um starke Mütter für die zukünftigen Männer Spartas zu werden.

Gefäß mit Darstellung schwer bewaffneter Spartaner

Bronzestatue einer Frau aus Sparta

Der Krieg und die Flöte

Die Schlachtreihe *(Phalanx)* aus spartanischen Kriegern war ein eindrucksvolles und äußerst ernstes Schauspiel. Im Angesicht des Feindes opferte der König ein Zicklein und befahl den Kriegern ihre Helme aufzusetzen, während die Flötenspieler die Hymne von Kastor anstimmten. Sie rückten in einer geschlossenen Aufstellung vor, ohne auch nur ein Zeichen von Angst zu zeigen, und mit einem König, der sich mit Athleten umgab, die als Sieger aus den Spielen hervorgegangen waren.

Die Griechen im Krieg

Vom Zeitalter der Achaier bis zur Epoche von Alexander dem Großen war das griechische Festland Schauplatz zahlreicher Kriege. Die mykenischen Könige zogen mit schwer bewaffneten Wagen in die Schlacht. Die Gefechte wurden nur zwischen einigen Männern ausgetragen, die sich Mann gegen Mann gegenüberstanden. Als die Dorier auf die Peloponnes einfielen, nutzen sie ihre besseren Waffen aus Eisen, um die Achaier zu besiegen. Einige Jahrhunderte später erhöhte sich die Anzahl der Heere und es wurden neue Kampftechniken erlernt. Die Krieger bildeten Leib an Leib eine dicht geschlossene Kampfformation, die sehr beweglich und kräftig war.

Frontalzusammenstoß zweier Kampfformationen

Hoplitenkrieger mit schwerer Kampfausrüstung

Die *Triere* (Dreiruderer) beherrschte die Meere für einige Jahrhunderte. Dieses sehr manövrierfähige und schnelle Schiff wurde von 170 in drei Reihen sitzenden Ruderern und einem Segel angetrieben, das während der Schlacht eingeholt wurde. Am Bug besaß es einen Rammsporn aus Bronze, der die Schiffshaut der feindlichen Schiffe durchbohren konnte.

Die Hopliten

Während der Zeit der Stadtstaaten entwickelte sich eine neue Schlachttechnik. Die Armeen stießen frontal aufeinander und nutzten die Aufprallkraft.
Diese Formation bestand aus Fußsoldaten, den *Hopliten*, die mit langen Lanzen, Schilden und Schwertern bewaffnet waren.

Die Triere

Der Bau der *Triere*, der Dreiruderer, begann im 7. Jahrhundert v. Chr. Ungefähr zwei Jahrhunderte später gehörten sie zu den besten Kriegsschiffen der antiken Welt. Sie waren bis zu 35 Meter lang und ungefähr fünf Meter breit, sehr wendig und nutzten ihre Geschwindigkeit, um die Schiffe der Gegner zu rammen. Auf diese Eigenschaften verließ sich der griechische Kommandant Themistokles, als er die persische Flotte in der Meerenge vor der Insel Salamis angriff. Die schweren Schiffe der Perser wurden, obwohl sie in der Überzahl waren, überwältigt und in die Flucht geschlagen.

Damit sich die Ruderer nicht gegenseitig behinderten, waren sie in drei Reihen und auf unterschiedlichen Höhen angeordnet.

Das Theater

Während der jährlichen Umzüge zu Ehren des Gottes Dionysos verkleideten sich die jungen Griechen, indem sie sich Masken aufsetzten. Sie sangen im Chor und stellten mit ihrem Tanz dramatische Szenen nach, die zu den ersten Theateraufführungen der Geschichte gehörten. Später wurden Tragödien aufgeführt, in denen sich einige Schauspieler mit dem Chor unterhielten und Figuren aus den bekanntesten Legenden darstellten.

Theatermünze aus Athen

Der Eintritt ins Theater kostete Geld und entsprach etwa einem Tageslohn der Ärmsten der Bevölkerung. Während der Aufführungen aß und trank das Publikum. Das Schweigen oder Toben der Zuschauer gab Auskunft darüber, ob das Schauspiel gefiel oder nicht.

Theatermaske

Die Schauspieler hielten sich Masken vor ihre Gesichter. Der Mund der Maske verstärkte die Stimme wie ein Sprachrohr, sodass sie bis in die höchsten Sitzreihen zu hören war.

Während der Theateraufführungen wurden Bühnenbilder verwendet, die den Ort der Handlung wiedergeben sollten. Die Szenenbilder wurden von Holzrahmen gehalten, die sich drehen ließen, um den Hintergrund schnell wechseln zu können. Später wurde ein Kran hinzugefügt, der die Schauspieler in der Luft schweben lassen konnte.

Malerei, die eine Theaterszene zeigt

Das erste Theater

Die ersten Theateraufführungen fanden auf der Agora statt. Dieser Ort war sehr schnell ungeeignet und wurde auf den südlichen Hang der Akropolis verlegt. Der Hang bot einen natürlichen Zuschauerraum, der im Laufe der Zeit verändert wurde und sich zum ersten beispielhaften Theater der Geschichte entwickelte.

Steinbank mit Rückenlehne

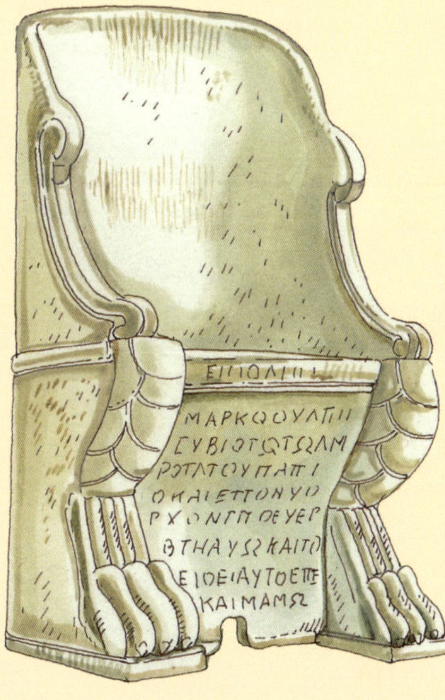

Die einflussreichsten Bürger nahmen in den ersten Reihen des Theaters Platz. Sie saßen auf dafür vorgesehenen Steinbänken, während das Publikum die darüberliegenden Tribünenstufen bevölkerte.

Der hellenische Tempel

Die ältesten Überlieferungen der hellenischen Kunst sind die Stadt-Paläste auf der Insel Kreta. Dort wurden die architektonischen Formen der Wohngebäude in ihrer Großartigkeit und Pracht entwickelt. Gegen Ende des 7. Jahrhunderts v. Chr. entstand die Tempelarchitektur, die Maße und Formen der dem Kult gewidmeten Gebäude vorgab, aber auch die dorische und ionische Säulenordnung entwickelte. Der Parthenon bringt die dorische Säulenordnung am besten zum Ausdruck. Dieser Tempel, Symbol Athens, war der Schutzgöttin der Stadt, Athene Parthenos, geweiht. Mit dem Bau begannen die beiden Architekten Iktinos und Kallikrates 447 v. Chr.

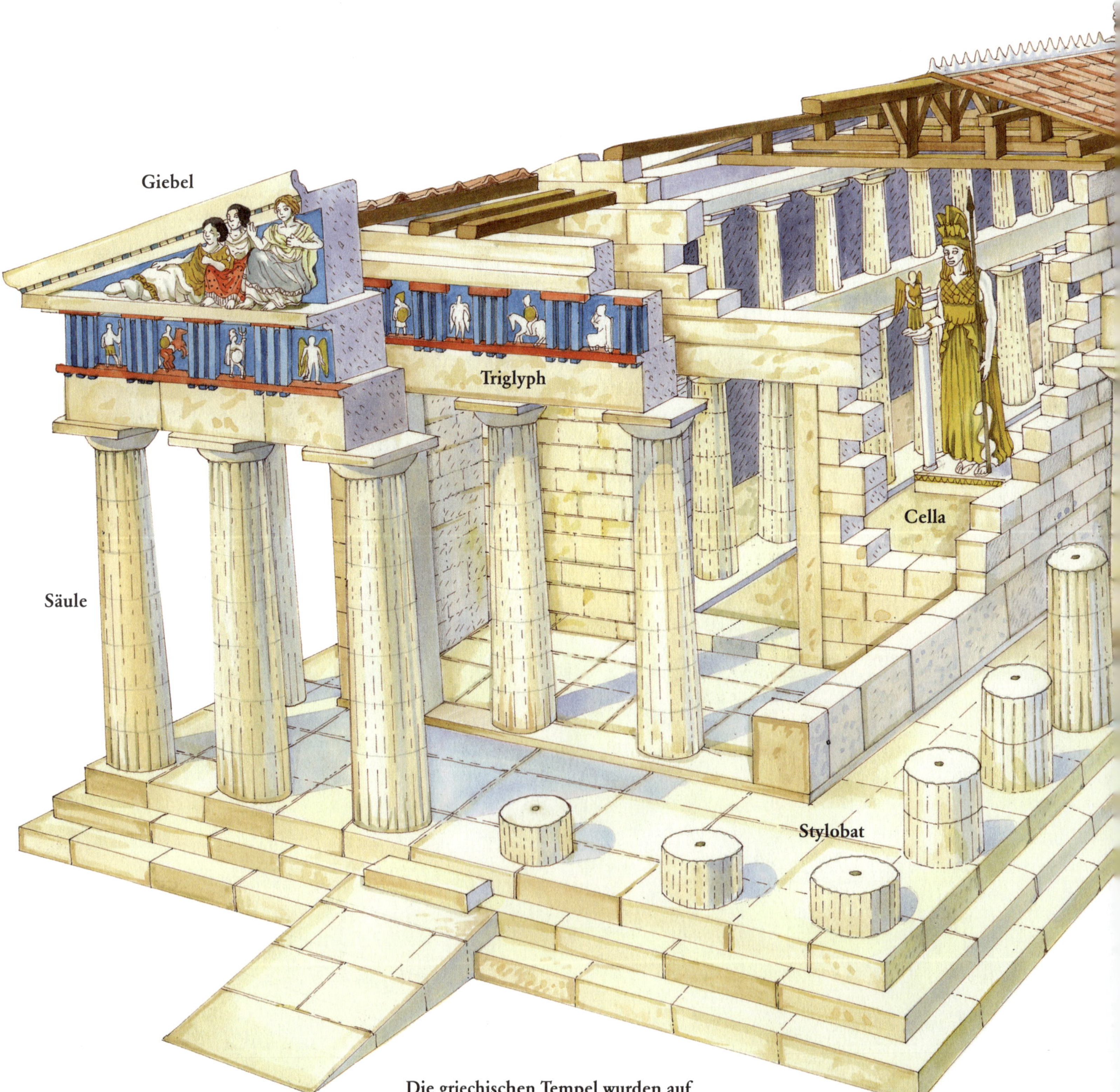

Die griechischen Tempel wurden auf einem dreistufigen Unterbau errichtet. An den Eingängen befanden sich niedrigere Stufen.

Phidias war der größte griechische Bildhauer. Seine Zeusstatue für den Tempel von Olympia war eines der sieben Weltwunder der Antike.

Für die beiden Frontgiebel des Parthenons stellte Phidias eine Figurengruppe her, die als Meisterwerk seiner Kunst gilt. Der Ostgiebel zeigte die Geburt Athenes aus dem Haupt des Zeus und der Westgiebel den Streit Athenes mit Poseidon um die Herrschaft über Attika.

Iktinos und Kallikartes

Es ist sehr wahrscheinlich, dass die Architekten des Parthenons sich vom großen Phidias inspirieren ließen. Trotz der beachtlichen Ausmaße wirkte das Gebäude durch die kürzeren Abstände zwischen den Säulen der Vorderseite im Vergleich zu denen der Längsseite schlank. Des Weiteren neigten sich die Säulen leicht nach innen und verjüngten sich nach oben.

Iktinos und Kallikrates

Korinthische Säulenordnung

Ionische Säulenordnung

Dorische Säulenordnung

Die Schule von Athen

Die Kultur des antiken Griechenland, seit jeher Inspirationsquelle der abendländischen Kultur, zeigte ihren Ursprung bereits im 5. Jahrhundert v. Chr. In der Stadt Milet gründete sich eine Philosophenschule, die Talente hervorbrachte wie Anaximander und Xenophon. Nach der Zerstörung der Stadt durch die Perser wurde Athen das Hauptzentrum griechischen Denkens. In der Stadt der „ersten Demokratie“ folgten aufeinander drei große Philosophen: Sokrates, Platon und Aristoteles, die zu den bedeutendsten Denkern aller Zeiten gehören. Sokrates war der Lehrmeister von Platon, seine Gedanken wurden uns in den Schriften des Schülers überliefert, der als einer der größten Autoren der Philosophie bekannt ist. Aristoteles seinerseits war Schüler an der von Platon gegründeten Akademie und Autor von Abhandlungen in allen Wissensgebieten.

Es gab nur wenige Frauen, die es schafften, intellektuellen Ruhm zu erlangen. Um nur eine zu nennen, sei an die Dichterin Sappho von der Insel Lesbos erinnert.

Viele große Genies aus dem antiken Griechenland hat Raffael in einem Wandgemälde verewigt.

Wissenschaft und Technik

Die griechischen Wissenschaftler erfanden erstaunliche Geräte, wie die mit Dampf angetriebenen Maschinen des Heron. Diese Entdeckungen fanden oftmals keine praktische Anwendung. Erfolgreicher war da die Schnecke oder endlose Schraube, die Archimedes entwickelte und die eingesetzt wurde, um Wasser aus dem Rumpf der Schiffe zu schöpfen.

Die moderne Medizin wurde durch die griechische Kultur beeinflusst, daher gilt Hippokrates als ihr Gründungsvater. Dieser berühmte Lehrmeister der Schule der Koer hatte verstanden, dass Krankheiten eine natürliche Ursache haben und nicht auf die Launen von Göttern zurückzuführen sind.

Es war wieder Archimedes, der das grundlegende Prinzip des Auftriebs von Körpern und die Formeln zur Abmessung eines Kreises aufstellte. Die Geometrie wurde von Pythagoras und Euklid studiert, beide Entdecker der Regeln über das rechtwinklige Dreieck.

Die Götter des Olymps

Die antiken Griechen glaubten, dass die mächtigsten Götter auf dem Olymp lebten, dem höchsten Berg von ganz Griechenland.

Die Griechen hatten eine polytheistische Religion, das heißt, sie hatten viele Götter und glaubten, dass diese Gottheiten in das Leben der Menschen eingriffen. Damit sie ihnen wohl gesonnen waren oder auch um ihren Zorn zu besänftigen, richteten die Griechen Feste zu ihren Ehren aus oder brachten ihnen Opfer dar. Der bedeutendste Gott war Zeus, Vater oder Bruder der anderen großen Götter. Er war mit Hera verheiratet, die auf dem Berg Olymp lebte.

Viele Gottheiten hatten Heiligtümer, die ihnen geweiht waren. Diese Kultstätten wurden von allen Griechen verehrt und aufgesucht, um die Orakel zu befragen.

Artemis, die Tochter von Zeus und Zwillingsschwester von Apollon, war die Göttin der Jagd.

Ares, Gott des Krieges und der Zerstörung, war bei den anderen Göttern des Olymps verhasst. Ares zog mit seinen zwei Kindern, die Angst und Schrecken hießen, in die Schlacht.

Poseidon, der in der Schlacht um die Macht über den Himmel von Zeus besiegt wurde, hatte sich in einen Palast in der Tiefe des Meeres zurückgezogen. Mit seinem Dreizack konnte er heftige Stürme auslösen oder das Meer beruhigen.

Athene war die Göttin der Weisheit. Sie war die Schutzgöttin der Künste, der Wissenschaften und der Helden.

Aphrodite war die Schönste aller Göttinnen. Sie galt als Beschützerin der Liebenden, aber auch der Gärten.

Hades, Bruder von Zeus, war der Gott der Unterwelt. Sein Reich, tief im Inneren der Erde, war eine Art Vorhölle, in der die Toten als Schatten ihr Dasein fristeten.

Apollon lenkte den Sonnenwagen und war der Gott der Dichtkunst und der Musik.

Die Olympischen Spiele

Das Heiligtum Olympia war schon ab 1000 v. Chr. Austragungsort von Wagenrennen, in denen sich die Anfänge der Olympischen Spiele zeigten. Ab 776 v. Chr. fanden die ersten regelmäßigen Spiele im Abstand von vier Jahren statt. Bei den Spielen bot sich für Athleten und Zuschauer die Gelegenheit, aus ganz Griechenland zusammenzukommen. Die dann für alle Griechen geltende heilige Waffenruhe, die durch Friedensverträge festgelegt war, sorgte für eine sichere Anreise. Bei den ersten Spielen wurde nur ein einziger Wettkampf, der Wettlauf über die Distanz des Stadions, abgehalten und die Veranstaltung war nach nur einem Tag vorbei. Später wurden neue Disziplinen eingeführt und die Spiele auf fünf Tage verlängert. Die Sieger der Wettkämpfe erhielten einen Kranz aus Olivenzweigen.

Seit 1896 wird die olympische Fackel zur Eröffnung der Spiele an den jeweiligen Austragungsort getragen.

Das Stadion von Olympia bot Platz für bis zu 40 000 Zuschauer. Die Athleten zogen durch einen langen, überdachten Gang in das Stadion ein.

Die Athleten waren in Altersgruppen eingeteilt. In der Gruppe der Knaben wetteiferten die bis 16-Jährigen untereinander, in der Gruppe der Jugendlichen die 16- bis 20-Jährigen und in der Gruppe der über 20-Jährigen die Männer.

Das Diskuswerfen war eine von fünf athletischen Wettkampfdisziplinen *(Pentathlon)*. Die Disken konnten unterschiedlich schwer sein, aber in einem Wettkampf benutzten alle Athleten gleich schwere Disken.

Beim Weitsprung benutzten die Athleten Springgewichte, um den Schwung zu verstärken. Die Sprungtechnik ist unbekannt, aber es scheint, dass nur ein kurzer Anlauf genommen wurde.

Der Wettlauf in Rüstung galt dem athletischen Talent der Männer, die die Anstrengungen des Krieges gewöhnt waren. Während des Wettkampfes trugen die Athleten Helm und einen schweren Schild wie die Hopliten.

Beim Speerwerfen wurde eine Technik angewandt, die dem Gerät eine Drehung gab und es im Flug stabil hielt. Bis zu 100 Meter weit konnten die Speere geworfen werden.

Das Ringen *(Pankration)* war ein sehr blutiger Kampf, bei dem die Athleten mit Fausthieben und Fußtritten aufeinander einschlugen, bis einer zu Boden ging. Der Faustkampf war noch gefährlicher. Die Kämpfer banden sich lange Lederriemen um die Hände und schlugen wahllos aufeinander ein, bis einer zusammenbrach.

Alexander der Große

Mit dem Ende des Peloponnesischen Kriegs dehnte Philipp II. von Makedonien seine Herrschaft über ganz Griechenland aus. Dieser ehrgeizige König, Anführer einer starken Armee, wurde 336 v. Chr. ermordet, als er den Krieg gegen Persien vorbereitete. Nach seinem Tod übernahm sein 20-jähriger Sohn Alexander, der Alexander der Große genannt wurde, die Macht. Alexander, der ein außergewöhnliches militärisches Talent besaß, war von dem Wunsch erfüllt, Weltruhm zu erlangen.
Er folgte der Eroberungsstrategie seines Vaters, durchquerte die Meerenge Hellespont und marschierte entschlossen gegen Dareios III., den er bei Issos besiegen konnte. Bei der späteren Schlacht von Gaugamela erlitt das persische Heer eine vernichtende Niederlage und Alexander öffnete sich das Tor nach Asien. Nach diesen Erfolgen drang er mit seiner Armee bis in das Tal des Indusflusses vor, musste sich dann aber zurückziehen, da sich seine Soldaten weigerten, ihm weiter zu folgen.
Kurz nach seiner Rückkehr nach Susa 323 v. Chr. starb er ganz plötzlich aus ungeklärten Gründen. Nach seinem Tod teilten die Generäle sein Herrschaftsgebiet in drei Reiche auf, und es begann das neue Zeitalter des *Hellenismus*, das die nächsten drei Jahrhunderte dauerte.

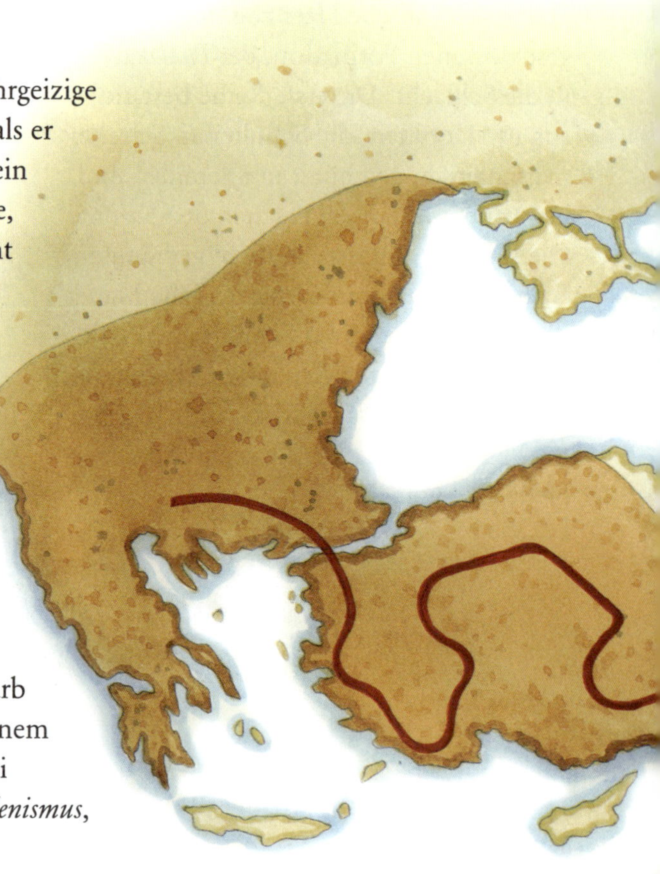

Büste von Alexander dem Großen

Die Makedonische Phalanx

Das makedonische Heer zog in einer dicht geschlossenen Formation, der *Phalanx*, in die Schlacht. Die erste Reihe bestand aus 100 Hopliten, die Schulter an Schulter marschierten, geschützt mit Schilden und bewaffnet mit langen Lanzen, den *Sarissen*. Die Phalanx umfasste 16 dicht gedrängte Reihen, die eine undurchdringliche Mauer bildeten. Während des Kampfes hielten die Hopliten der ersten Reihen die Lanzen nach vorne gestreckt, während die hinteren ihre Lanzen bewegten, um die gegnerischen Pfeile abzulenken.

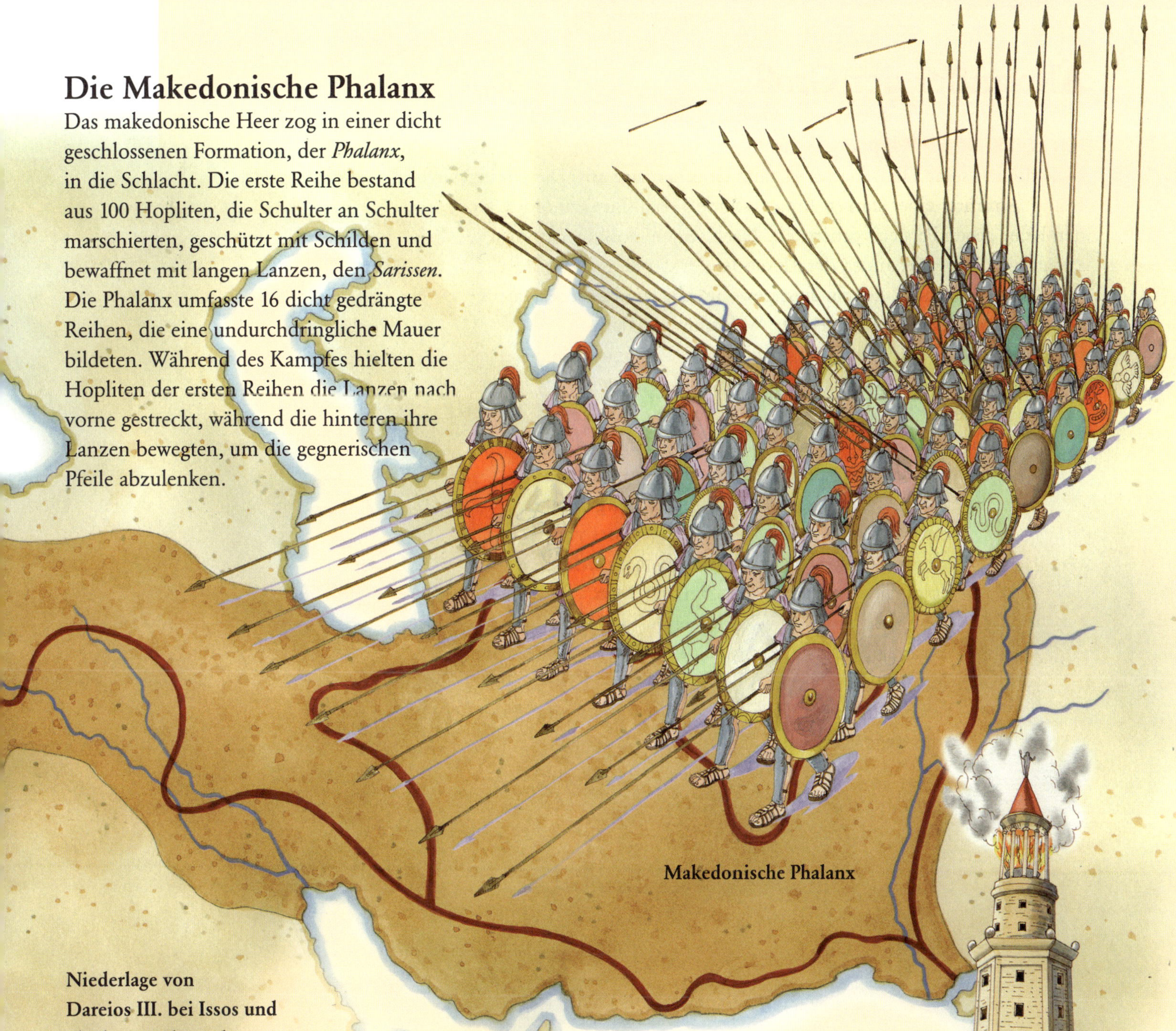

Makedonische Phalanx

Niederlage von Dareios III. bei Issos und Flucht vor Alexander

Von den antiken Geschichtsschreibern wurde überliefert, dass der Schein des Leuchtturms von Alexandria bis auf eine Entfernung von 60 Kilometer zu sehen war. Auf der Turmspitze brannte ein großes Feuer, das von mehreren Bronzespiegeln reflektiert wurde.

Alexandria

Alexander gründete zahlreiche Städte, um die griechische Kultur zu verbreiten und seine Herrschaft über das große Reich auszudehnen. Die wichtigste Stadt war Alexandria in Ägypten, die dazu bestimmt war, eine der größten Metropolen ihrer Zeit zu werden. In der Hafeneinfahrt wurde ein riesiger Leuchtturm errichtet, der zu den sieben Weltwundern der antiken Zeit zählte. Die Stadt war ein bedeutendes Zentrum der Wissenschaft und beherbergte eine Bibliothek mit einer Sammlung von 100 000 Büchern. Eratosthenes, Astronom und Direktor der Bibliothek, war der Erste, der die Größe der Erde ermittelte.

Inhalt

Michele Angelico

Entdeckungsreise in die Antike

Das alte Ägypten

Ägypten: Eine tausendjährige Geschichte

Das Tal des Nils ist eine grüne Oase umgeben von den Sandmassen der Sahara, der größten Wüste der Welt. Als etwa 8000 Jahre v. Chr. die letzte Feuchtperiode allmählich zu Ende ging und regelmäßige Niederschläge ausblieben, trocknete die Landschaft aus und es kam zu einer fortschreitenden Wüstenbildung. Durch die sich verändernden Lebensbedingungen waren die Einwohner gezwungen, fruchtbarere Gebiete aufzusuchen. Einige gingen nach Zentralafrika und andere ließen sich im Niltal nieder.

Totenmaske

Pharao

Priester Schreiber Soldaten Handwerker

Gefäß für Duftstoffe

Im Niltal fand man Spuren von Ackerbau und Viehzucht, die auf das 5. Jahrtausend v. Chr. zurückgehen. Genau zu dieser Zeit strömte ein Teil der Saharabewohner in das Tal. Da die Bevölkerung zunahm, wurde mehr Anbaufläche benötigt. Man baute Kanäle und Bewässerungsanlagen, um mit dem Wasser, das einmal im Jahr über die Ufer des Nils trat, größere Flächen des Landes bewässern zu können. Die Landwirtschaft blühte und sicherte die Grundversorgung einer sich entwickelnden großen Kultur.

Wichtige Daten

Um 3000 v. Chr. Beginn der vordynastischen Zeit, im Laufe der 1. und 2. Dynastie kommt es zur Vereinigung von Ober- und Unterägypten.

2600–2150 v. Chr. Altes Reich, 3. bis 8. Dynastie, Bau der Stufenpyramide von Sakkara und der großen Pyramiden von Giseh.

2130–2040 v. Chr. Erste Zwischenzeit, 9. bis 10. Dynastie, in der Ägypten in mehrere Reiche zerfällt.

2040–1640 v. Chr. Mittleres Reich, 11. bis 13. Dynastie, unter den thebanischen Herrschern der 11. Dynastie wird das Land wiedervereinigt und Theben zum Hauptsitz. Gegen Ende dieses Zeitalters erobern die Hyksos das Land und leiten den Beginn der Zweiten Zwischenzeit ein.

1550–1070 v. Chr. Neues Reich, 18. bis 20. Dynastie, unter der Herrschaft der Ramessiden (Ramses III.–XI.) und der Könige mit der Titulatur Amenophis wird Ägypten von den Hyksos befreit. Das Land erreicht seine größte Flächenausdehnung.

1070–712 v. Chr. Dritte Zwischenzeit, 21. bis 25. Dynastie

525 v. Chr. Ägypten fällt unter die Herrschaft der Perser.

332 v. Chr. Alexander der Große erobert Ägypten. Nach seinem Tod übernimmt Ptolemäer die Macht und leitet damit die letzte Dynastie ein, die bis zur Eroberung der Römer dauerte.

Bauern

Die ersten Dynastien

Die ersten Siedlungen entlang des Nilufers entstanden um 5000 v. Chr. Wandernde Jäger, die sich in kleinen Gemeinschaften zusammengeschlossen hatten, ließen sich in der Nähe des Flusses nieder und fingen an, Ackerbau zu betreiben. Die ersten Dörfer vergrößerten sich und durch die wachsende Bevölkerung konnte mit dem Bau eines aufwendigen Kanalsystems begonnen werden. Dadurch ließen sich die Ernten steigern. Einige Bewohner gaben die Landwirtschaft auf und widmeten sich dem Handwerk. Sie stellten Keramiken her und bearbeiteten Metalle.
Bereits im 4. Jahrtausend bildeten sich aus den einzelnen Gemeinschaften Ägyptens zwei Reiche. Die fruchtbaren Böden des Nildeltas gehörten zu Unterägypten, während sich entlang des Nilufers Oberägypten entwickelte. Um 3100 v. Chr. gelang es Menes, dem König von Oberägypten, die zwei Reiche unter ein königliches Zepter zu vereinigen.

Statue des Imhotep

Die Pharaonen des Alten Reichs ließen sich besondere Grabbauten errichten, die man *Mastaba* nannte. Der Sarkophag wurde in einem unterirdischen Grabraum aufgestellt, der aus luftgetrockneten Lehmziegeln und einem gewölbten Dach bestand. Mit der 3. Dynastie, in der die Bedeutung des Pharaos zunahm, veränderte sich auch die Architektur der Grabbauten. In der Ortschaft Sakkara wurde die erste stufenförmig gebaute Pyramide aus Stein für den Pharao Djoser errichtet.

Imhotep

Der große Baumeister Imhotep, Ratgeber von Pharao Djoser, erbaute in Sakkara die erste Stufenpyramide. Die sechs übereinander errichteten Stufen bildeten eine Steintreppe, die den Aufstieg des Pharaos in den Himmel ermöglichen sollte.

Narmer-Palette

Die Narmer-Palette

Die Vereinigung der zwei Reiche ist auf einer in Stein gemeißelten Palette dargestellt. Auf dem oberen Teil der Palette ist der Königspalast mit einer Inschrift abgebildet, in der der Name Narmer auftaucht. Der König ist mit der Krone von Unterägypten dargestellt. Er zieht an den in der Schlacht getöteten Feinden vorbei. Auf der Rückseite der Palette ist der König ebenfalls unter dem Königspalast dargestellt. Hier trägt er die hohe weiße Krone Oberägyptens. Er schlägt einen Gefangenen, der sich ihm unterwirft. Die beiden Kopfbedeckungen, die von ein und derselben Person getragen werden, zeigen Narmer als Herrscher über das ganze Land.

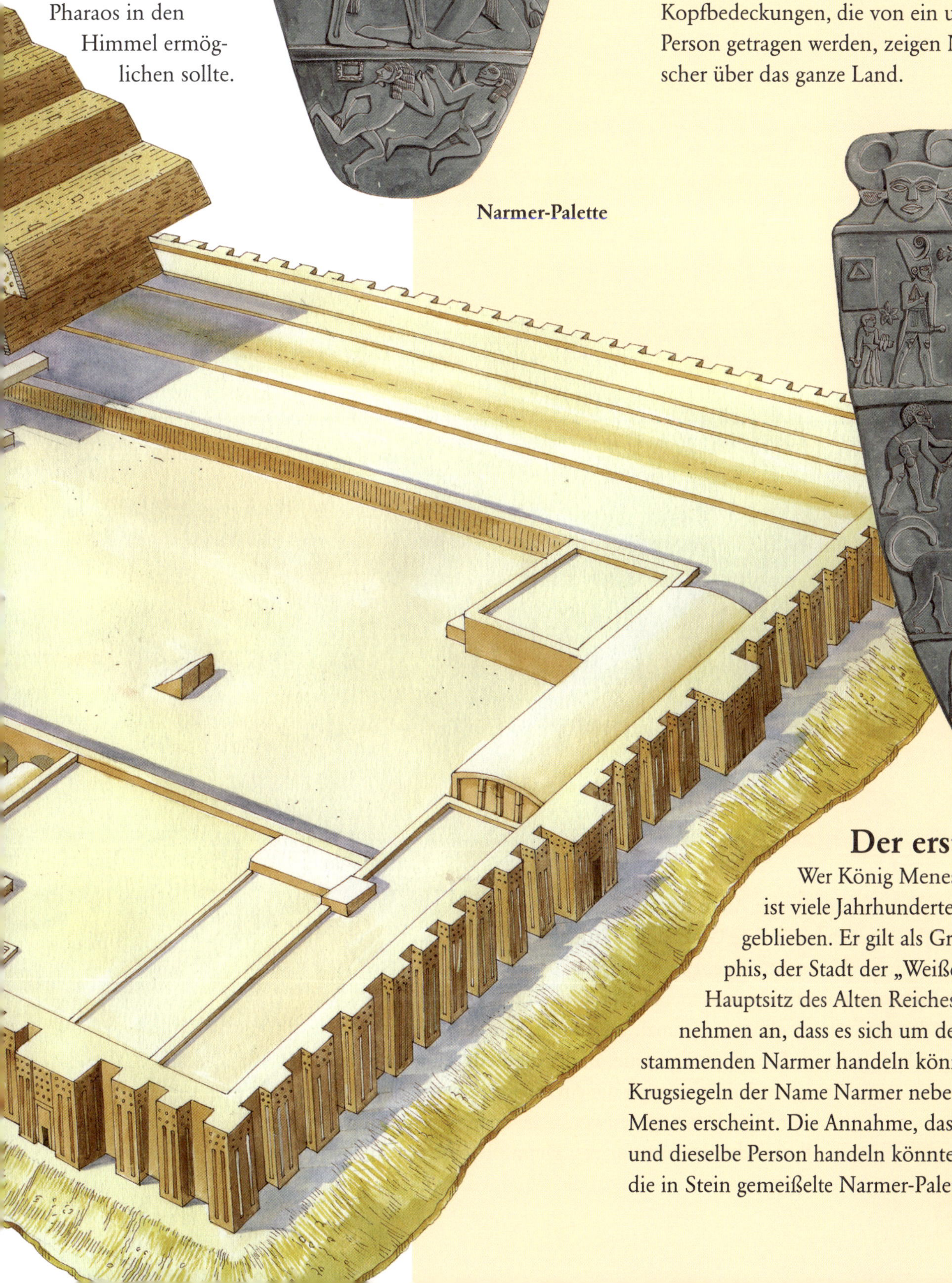

Der erste Pharao

Wer König Menes wirklich war, ist viele Jahrhunderte lang ein Rätsel geblieben. Er gilt als Gründer von Memphis, der Stadt der „Weißen Mauer“ und Hauptsitz des Alten Reiches. Archäologen nehmen an, dass es sich um den aus Thinis stammenden Narmer handeln könnte, da auf einigen Krugsiegeln der Name Narmer neben dem Namen Menes erscheint. Die Annahme, dass es sich um ein und dieselbe Person handeln könnte, wird auch durch die in Stein gemeißelte Narmer-Palette bekräftigt.

Die Pyramiden von Giseh

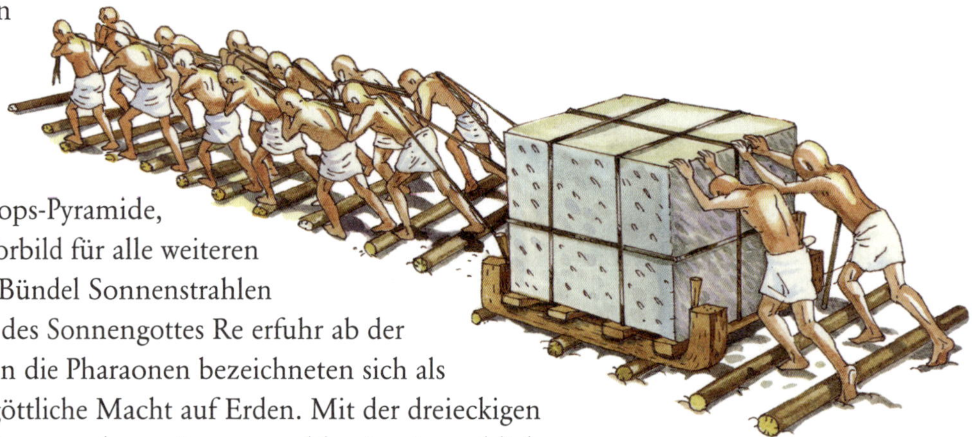

Die großen Pyramiden in Giseh wurden während der 4. Dynastie unter dem Pharao Cheops (2551–2528 v. Chr.) und seinen Nachfolgern Chephren (2520–2494 v. Chr.) und Mykerinos (2490–2472 v. Chr.) errichtet. Die Cheops-Pyramide, die größte und älteste von allen, war Vorbild für alle weiteren Grabmonumente. Sie symbolisiert ein Bündel Sonnenstrahlen am Tag der Schöpfung. Die Verehrung des Sonnengottes Re erfuhr ab der 4. Dynastie eine große Bedeutung, denn die Pharaonen bezeichneten sich als Söhne des Re und übernahmen seine göttliche Macht auf Erden. Mit der dreieckigen Form der Pyramiden sollten die zu Stein gewordenen Sonnenstrahlen im Augenblick ihres Erscheinens am Horizont dargestellt werden.

Laut Herodot dauerte der Bau der Cheops-Pyramide 20 Jahre, und nicht weniger zeitaufwendig war der Bau der Straße, über die die mächtigen Steinblöcke gezogen werden mussten. Unzählige Arbeiter beschäftigten sich mit dieser mühevollen Aufgabe und wechselten sich in Arbeitsschichten über drei Monate ab.

Eine Dynastie von Architekten

Die Größe der Cheops-Pyramide, die auf einem quadratischen Unterbau von 230 Metern Seitenlänge errichtet wurde und 147 Meter hoch ist, gibt uns eine Vorstellung davon, mit welcher Anstrengung der Bau verbunden war. Die Grabkammer befindet sich hoch oben in der Pyramide und ist über einen steilen Gang zu erreichen. Über ihr befinden sich fünf Hohlräume, die das Gewicht auf die Dachblöcke aus Granit verringern sollen.

Die Stufenpyramiden, die Imhotep für die Pharaonen der 3. Dynastie entworfen hatte, entwickelten sich Schritt für Schritt weiter, bis sie im Laufe der 4. Dynastie zu ihrer klassischen Form fanden. Die glatten Seitenflächen der Pyramiden wurden von dem Architekten Nefermaat und seinem Sohn Hemiunu entwickelt. Nefermaat errichtete die Grabmonumente für den Pharao Snefru, Vater von Cheops und Gründer der 4. Dynastie. Bei diesen Bauten gab es noch einige ungelöste technische Probleme hinsichtlich der Steigung der Seitenwände, die dann von Hemiunu gelöst werden konnten. Er war es, der die große Cheops-Pyramide entwarf und erbaute.

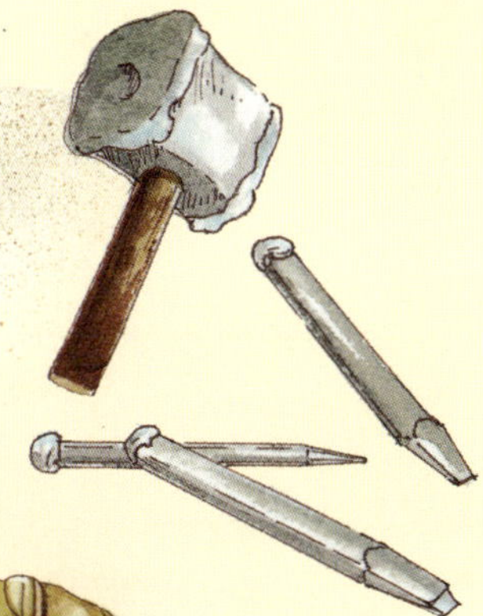

Die Sphinx

Auf dem Pyramidengelände von Giseh befindet sich ein weiteres mächtiges Monument, die sogenannte *Sphinx*. Sie stellt einen liegenden Löwen mit Menschenkopf dar und scheint das Gesicht von König Chefren, Sohn von Cheops, zu tragen. Die Figur, die aus einem Felsblock gehauen wurde, überwacht den Weg zur Pyramide.

Der Pharao und sein Volk

Die Bevölkerung des alten Ägypten war in streng getrennte Schichten, sogenannte *Kasten*, geteilt. Auch bei der Heirat musste das Kastenwesen eingehalten werden. An der Spitze der sozialen Pyramide stand der Pharao, der den Gott Horus auf Erden verkörperte und wie dieser als Gottheit verehrt wurde. Unter ihm standen die hohen Beamten, die gemeinsam mit den Priestern für Regierungsarbeiten zuständig waren. Die Schreiber bildeten die Grundlage der Verwaltung. Den großen Rest der ägyptischen Bevölkerung bildeten die niederen Klassen, die Gehorsam zeigen mussten und zu harter Arbeit verpflichtet waren.

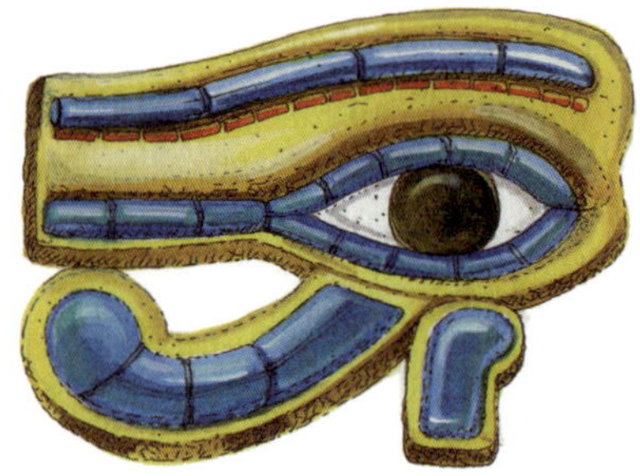

Auge des Horus

Hohe Beamte und Priester

Die einzelnen Landkreise, in die das Reich geteilt war, wurden von hohen Beamten, den sogenannten *Nomarchen*, verwaltet und regiert. Die Priester standen den hohen Beamten bei der Regierungsarbeit zur Seite und waren für die Rituale der Götterverehrung zuständig. Viele Priester befassten sich auch mit Astronomie und Mathematik.

Die Bauern

Der Großteil der Bevölkerung waren Bauern. In den Zeiten, in denen sie nicht die Felder bewirtschafteten, arbeiteten sie an den großen Bauwerken im Auftrag der Pharaonen.

Bauern bei der Ernte

Die Schreiber

Die Schreiber beherrschten die Kunst der Schriftzeichen und waren von großer Bedeutung für den gesamten öffentlichen Verwaltungsapparat. Um den Beruf des Schreibers auszuführen, war es notwendig, bereits in der Kindheit mit dem Studium zu beginnen.

Schreiber

Die Handwerker waren auf die Verarbeitung von Ton, Metall und Stein spezialisiert.

Soldaten

Die Krieger

Nach den überlieferten Schriften auf altem Papyrus war das Leben der Soldaten alles andere als glücklich. Die Soldaten mussten die harte Ausbildung in der Kaserne durchlaufen, zermürbende Fußmärsche in fremde Gebiete bewältigen und mit den Gefahren bei Gefechten umgehen, ohne eine angebrachte Entlohnung zu erhalten.

Die Sklaven

Auf der letzten Stufe der sozialen Leiter standen die Sklaven. Meist handelte es sich um Kriegsgefangene, die keine Rechte besaßen und dazu gezwungen waren, die niedrigsten und anstrengendsten Arbeiten zu verrichten.

Die Macht des Pharaos

Bis zur Entstehung der ersten Gemeinschaften entlang des Niltals galten die Stammesoberhäupter als unsterblich und waren mit göttlicher Macht ausgestattet. Durch magische Rituale garantierten sie den Wohlstand des eigenen Stammes und die Fruchtbarkeit der Böden. Später waren diese Machtbefugnisse den Pharaonen vorbehalten, die als wahrhaftige Götter betrachtet wurden und die Kraft verkörperten, die den Menschen das Leben schenkte.

Diese Überzeugung, die bei den alten Ägyptern so tief verankert war wie eine Religion, sicherte für 3000 Jahre den Gehorsam eines Volkes gegenüber seinem Herrscher.

Schreiber, der mit Aufzeichnungen beschäftigt ist

Der *Wesir* war vom Pharao als erster Mitarbeit auserwählt.

Krone
erägyptens

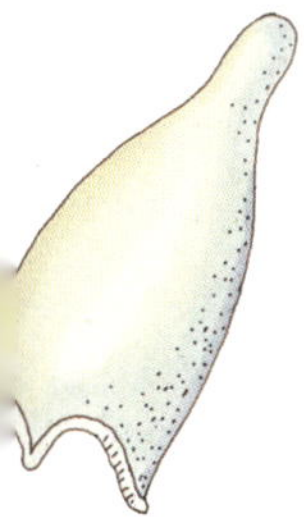

Krone
erägyptens

Die vom Pharao getragene Doppelkrone stellte die königliche Herrschaft über zwei Reiche dar. Die weiße Krone stand für Oberägypten und die rote Krone für Unterägypten.

Der Begriff Pharao geht auf das ägyptische Wort *„Per aa"* zurück und wurde von den Ägyptern gebraucht, um denjenigen zu bezeichnen, der in einem „großen Haus" lebte.

Das ägyptische Volk war in Kasten unterteilt, die eine soziale Pyramide bildeten und an deren Spitze der Pharao stand.

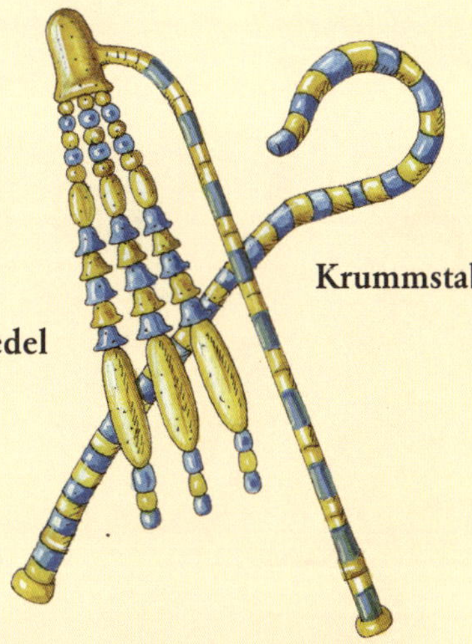

Die Symbole der Macht

Bei offiziellen Anlässen trug der Pharao die Doppelkrone von Ober- und Unterägypten und hielt zwei Zepter in den Händen. Das erste war der Krummstab, der einem Hirtenstab ähnelte und das Zeichen der königlichen Macht war. Das zweite ist der Wedel, der an ein Werkzeug zum Schlagen des Korns erinnerte und die fruchtbaren Böden am Nil symbolisierte.

Das Dorf und das Haus

Kopfstütze

Die einfachen Wohnstätten der alten Ägypter waren aus ungebrannten Lehmziegeln, Holz und Stroh gebaut. Diese leicht vergänglichen Materialien haben die Jahrhunderte nicht überdauert und kaum Spuren hinterlassen. In der Ortschaft Deir el-Medina, ganz in der Nähe vom Tal der Könige, sind die Überreste einer sehr gut erhaltenen Wohnanlage zu sehen. In dem Dorf lebte eine Gemeinschaft aus mehr als 250 Personen, die mit dem Bau der Pharaonengräber beschäftigt war. Die Häuser, die sich an der Hauptstraße befanden, waren niedrig und dicht an dicht gebaut.

Die Küchen befanden sich im hinteren und offenen Teil des Hauses.

Die Dächer der Häuser waren flach. An schwülen Abenden hielt man sich gerne auf ihnen auf, da es dort kühler als in den Innenräumen war.

Das Haus

Die Häuser waren eng und sehr einfach eingerichtet. Die Mauern aus Ziegelsteinen waren hell verputzt und hatten kleine Fenster. Das von Holzsäulen gestützte Dach war zugleich Terrasse. Oftmals bestanden die Häuser aus nur einem Stockwerk. Die Häuser der Reichen waren geräumiger, komfortabler eingerichtet und verfügten häufig über einen innen liegenden Garten. Es waren weitläufige Anlagen, die eine räumliche Trennung zwischen Eigentümer und Dienerschaft möglich machten.

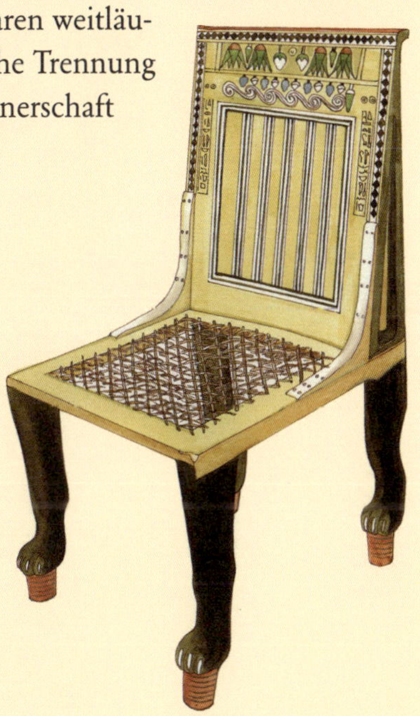

Die Ausstattung

Die Ägypter verbrachten viel Zeit im Freien und kümmerten sich weniger um die Ausstattung ihrer Häuser. Die einfachen Häuser waren mit kleinen Tischen und Hockern aus Holz, Schilf und geflochtenen Blättern eingerichtet. Alltagsgegenstände wurden in kleinen Mauernischen aufbewahrt oder auf Wandbretter gestellt. Zu den gebräuchlichsten Gegenständen zählten Kopfstützen aus Holz, so etwas wie unser heutiges Kopfkissen.

Das Leben in der Stadt

Der Tag der einfachen Bevölkerung begann sehr früh. Mit den ersten Sonnenstrahlen setzten sich Bäcker, Bierbrauer, Handwerker und Kaufleute in Bewegung. In den Häusern der Reichen belebten sich die Küchen, während der Hauseigentümer noch schlief. Nach dem Aufwachen wartete auf ihn eine ausgiebige Morgentoilette, nach der er mit der Arbeit des Tages beginnen konnte.

Die Wandmalereien und Statuen im Inneren der Gräber haben uns wertvolle Hinweise auf die täglichen Arbeiten gegeben.

Brot und Bier

Die Arbeiten zur Herstellung von Brot und Bier, Grundnahrungsmittel des ägyptischen Speiseplans, prägten den Alltag in Ägypten. Für beides lieferten Gerste und Weizen, die auf den fruchtbaren Böden der Nilregion angebaut wurden, die Rohstoffe und gleichzeitig den Arbeitslohn der Arbeiter, da man Geld damals noch nicht benutzte. Wein wurde sehr geschätzt und kam aus den Weingärten des Nildeltas. Auf dem Speiseplan standen Fisch und Geflügel. Rindfleisch war den Reichen und Priestern vorbehalten. Ergänzend hinzu kamen Gemüse, Obst und auch viele Milchprodukte.

Für die Zubereitung des Biers wurden Gerstenkörner zerstampft, zermahlen und zu Brei verarbeitet, der dann in einem Krug zu Ende gärte.

Das Brot wurde in Öfen aus Ton gebacken, die sich in den offenen Innenhöfen der Häuser befanden.

Spiele und Zeitvertreib

Die reichen Ägypter konnten über sehr viel freie Zeit verfügen, in der sie sich zu beschäftigen wussten oder Feste feierten. Entlang der Nilufer jagte man Wasservögel oder, was mehr Einsatz erforderte, kämpfte mit Krokodilen und Nilpferden.
Die einfache Bevölkerung musste auf das Hochwasser des Nils warten, um freie Zeit zu haben. Auch wenn man das Vergnügen der Jagd und den Spaß beim Fischfang zu schätzen wusste, so handelte es sich wohl auch um eine zusätzliche Beschaffung von Nahrung. Für die Untertanen waren es vor allem die Feierlichkeiten zu Ehren der Götter, die einen Grund boten, um große Feste zu feiern. Feierliche Prozessionen wurden von Musik, Tanz und üppigen Speisen begleitet.

Kreisel und Kugeln aus Terrakotta

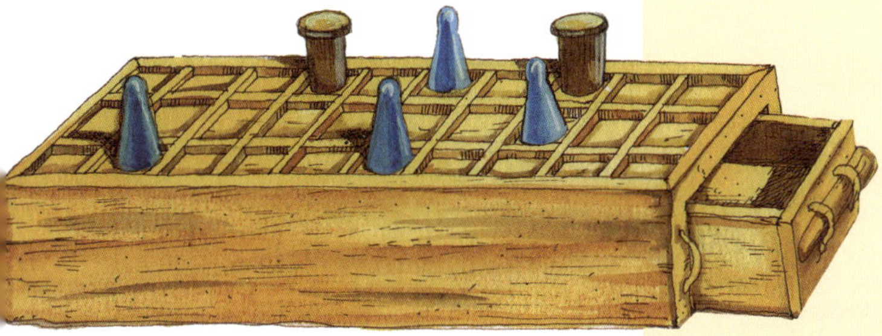

Das Brettspiel Senet

Das bekannteste Tischspiel war das *Senet*-Spiel. Jeder Spieler besaß Spielsteine, die in Form und Farbe unterschiedlich waren. Die Steine wurden auf einer Art Schachbrett bewegt. Wie oft ein Stein gesetzt werden musste, wurde durch spezielle Holzstäbchen, die als Würfel dienten, vorgegeben.

Die Spiele der Kinder

Die Kinder vergnügten sich bei Spielen, die Gelenkigkeit und Geschicklichkeit erforderten. Es gab aber auch extra für sie angefertigte Spielzeuge. Bei Ausgrabungen fand man Puppen aus Holz und Stoffen sowie aus Holz angefertigte Tiermodelle, die auf kleinen Karren mit Rädern befestigt waren. Bei einigen dieser Spielsachen ließen sich Körperteile durch das Ziehen einer Schnur bewegen.

Der Tanz

Der Tanz und die Musik begleiteten die religiösen Zeremonien und Feste der Ägypter. Dass viel musiziert wurde, ist durch zahlreiche Wandmalereien, die Lauten-, Harfe- und Flötenspieler abbilden, überliefert. Am Hof des Pharaos und in den herrschaftlichen Häusern wurden große Feste von Musik und akrobatischen Tanzaufführungen begleitet.

Der Schreiber und die Schrift

Die ägyptischen Kinder konnten eine Schule besuchen, wenn die Familien in der Lage waren, dies zu bezahlen. Nur diejenigen, die Bildung erhielten, hatten Zugang zu den hohen Ämtern, da diese das Schreiben und die Mathematik voraussetzten. Die Mädchen waren vom Unterricht ausgeschlossen. Ihre Erziehung fand innerhalb der Familie statt.

Der Unterricht wurde von einem Lehrer, dem sogenannten *Sebau*, abgehalten. Unterrichtet wurde im Freien oder in der Nähe eines Tempels.

Der Schreiber

Der Beruf des Schreibers war sehr begehrt, weil er mit vielen Vorteilen verbunden war und keine körperlich anstrengenden Arbeiten verrichtet werden mussten. Die Kinder, die zum Schreiber bestimmt waren, mussten sehr lange studieren, um einige Hundert Hieroglyphen, die für das Schreiben notwendig waren, zu erlernen. Als Schreiber konnten sie dann bedeutende und gut bezahlte Ämter in der Verwaltung des Staates anstreben.

Die Lehrer waren sehr streng und im Unterricht herrschte absolute Ruhe. Die Schüler lernten das Schreiben, wurden aber auch in Mathematik und Geometrie unterrichtet.

Die Hieroglyphenschrift

Die Ägypter glaubten, dass die Zeichen der Hieroglyphenschrift von den Göttern abstammten. Sie waren der Auffassung, dass der Gott Thot, Schreiber der Götter, die Hieroglyphen erschaffen und den Menschen beigebracht hatte.

Schon in der ersten Dynastieepoche begegnete man einem Schriftsystem, das aus mehr als 700 Zeichen und Bildern bestand. Jedes einzelne Bildzeichen stand für ein Geschehnis, einen menschlichen Körperteil, ein Tier oder einen Gegenstand. Um abstrakte Begriffe ausdrücken zu können, wurde ein Trick angewandt. Dem Bildzeichen wurde ein entsprechender Laut zugeordnet, dem dann wiederum ein weiteres Zeichen folgte. Das war der Ursprung des Lautschriftsystems, das noch heute benutzt wird.

Hieratische und demotische Schrift

Die Hieroglyphenschrift hat ihre Spuren in Gräbern und an heiligen Orten hinterlassen und ist daher gut überliefert. Die Schriftzeichen waren sehr komplex und wurden im Laufe der Zeit durch schematische Symbole, die ein schnelleres Schreiben erlaubten, ersetzt. Diese Variante, die oft von Priestern benutzt wurde, nannte sich *hieratische Schrift*.

In einer späteren Epoche wurde die Schreibweise weiterentwickelt. Diese neue Art und Weise zu schreiben wurde als volkstümliche, das heißt *demotische Schrift* bezeichnet.

Die für den Schreiber verwendete Hieroglyphe bestand aus den Werkzeugen, die zum Schreiben nötig waren: einem Pinsel, einem Wassergefäß, der roten und schwarzen Tinte.

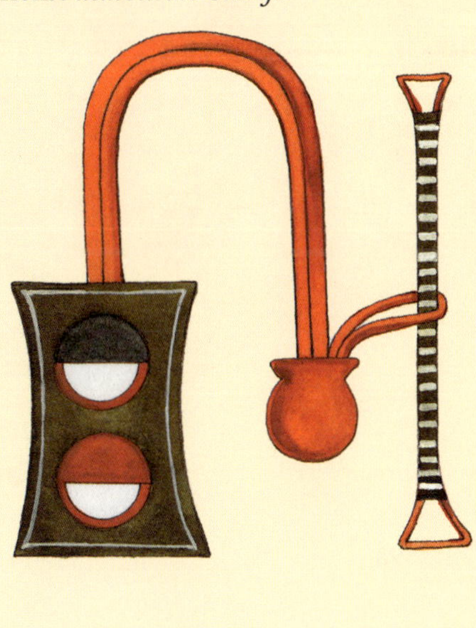

Das Leben am Fluss

Die alten Ägypter nannten den Nil ganz einfach „Fluss". Die jährlichen Überschwemmungen machten die Böden fruchtbar. Fische und Vögel, die den Fluss bevölkerten, waren eine kostbare Nahrungsquelle. Zahlreiche Boote zogen flussaufwärts und -abwärts, um Waren zu transportieren. Im Wasser tummelte sich das Leben. Fische wurden mit Netzen und Binsenkörben, den sogenannten Fischreusen, gefangen.
Trotz dieser großzügigen Gaben des Flusses wurde das Leben der Bevölkerung durch das Hochwasser erschwert. Die Folgen der Überschwemmungen waren unvorhersehbar.
Um die Wassermassen des Nils und ihre Auswirkungen besser abschätzen zu können, wurden sogenannte Nilometer errichtet. Dabei handelte es sich um Gruben, die mit Messkerben versehen waren und den Pegelstand des Wassers anzeigen sollten. Die Steuern, die die Bauern dem Pharao zu entrichten hatten, wurden nach dem jeweiligen Wasserstand des Nils festgesetzt.

Die jährlichen Überschwemmungen sorgten zwar für fruchtbare Böden, aber erst durch den Bau der Wasserkanäle konnte die landwirtschaftlich nutzbare Fläche erheblich erweitert werden.

Der Papyrus

Die Ägypter nutzten alles, was ihnen der Nil zu bieten hatte. Aus der Papyruspflanze, die entlang der Flussufer wuchs, wurde die erste Schreibunterlage gewonnen. Durch ein ausgeklügeltes Verfahren wurden Blätter hergestellt, auf denen die Schreiber ihre Notizen machen konnten.

Boote und Sandalen

Die Papyruspflanze wurde auch für den Bau kleiner Boote genutzt. Aus der Rinde wurden Matten, Sandalen und Einrichtungsgegenstände angefertigt.

Nachdem man die Rinde entfernt hatte, wurde das Mark in dünne Streifen geschnitten.

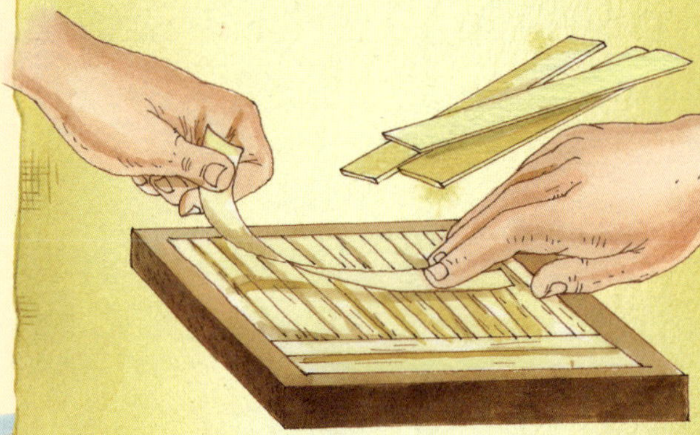

Die Streifen wurden neben- und übereinandergelegt.

Das Blatt wurde mit einem Holzhammer bearbeitet bis es fest war.

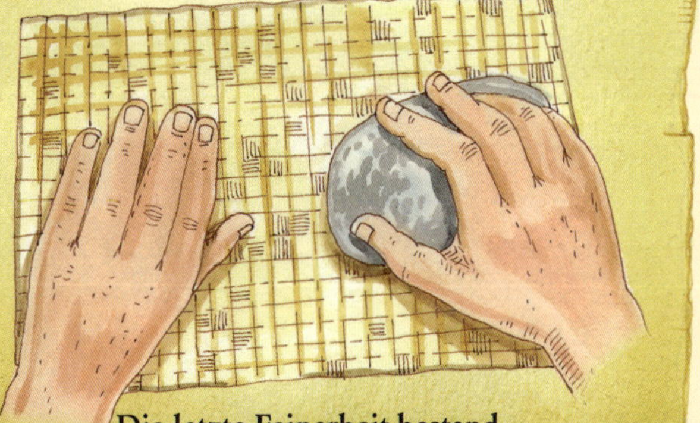

Die letzte Feinarbeit bestand im Schleifen des Papyrusblattes mit einem Stein.

Die Schifffahrt

Der Flusslauf des Nils ermöglichte es den Provinzen Ägyptens, sich untereinander auszutauschen. Alle Waren konnten mit Booten und Lastkähnen auf dem Fluss transportiert werden. Auch in der Trockenzeit, wenn der Wasserstand des Nils sehr niedrig war, konnten die Boote noch fahren.
Die ersten Wasserfahrzeuge waren einfach und bestanden aus an den Enden zusammengebundenen Stängeln der Papyruspflanze. Mit der Zeit wurden sie durch solide und sichere Boote aus Holz ersetzt. Die ältesten Wandmalereien zeigen uns, wie die Boote mit langen Rudern gesteuert und mit Stechrudern vorwärtsbewegt wurden. Das Segel kam hinzu, als die Boote größer wurden und in der Lage waren, die großen Steinblöcke, mit denen die Pyramiden errichtet wurden, zu transportieren. Später boten Schiffsdeck und Schiffskabine den nötigen Platz für Passagiere und Warenladungen.

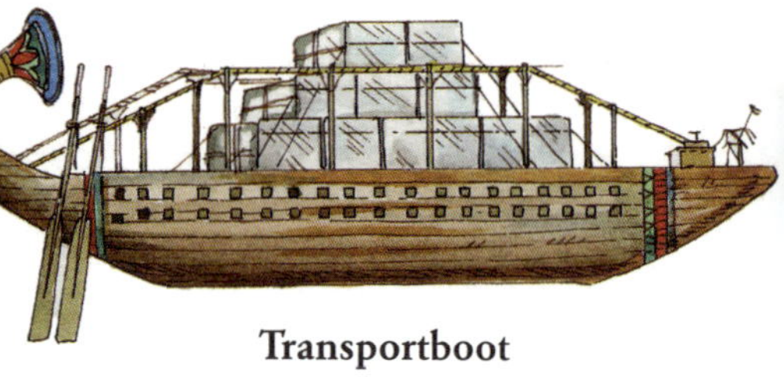

Transportboot

Passagierboot

Boot für Begräbnisse

Boot des Königs

Zwei verschiedene Hieroglyphen regelten die Schifffahrt auf dem Nil. Ein Boot mit vollen Segeln zeigte die Reise in südliche Richtung an. Hier wurde die Windkraft genutzt, um gegen die Strömung zu fahren. Bei der Reise in nördliche Richtung war das Segel eingeholt, weil in diesem Fall die Strömung des Flusses genutzt wurde.

Der Schaduff

Der *Schaduff* war ein einfaches Gerät, mit dem man Gefäße oder auch die Bewässerungskanäle mit Wasser füllen konnte. Der Bauer tauchte einen an einer Stange befestigten Eimer ins Wasser. An dem anderen Ende der Stange befand sich ein Gegengewicht, wodurch der volle Eimer mühelos zu heben war.

Achet

Die Ägypter besaßen einen Kalender, der das Jahr in 360 Tage und drei Jahreszeiten einteilte. Mitte Juli begann die Jahreszeit der Überschwemmungen, die *Achet* genannt wurde. Sie zeigte den Beginn des Jahres an und dauerte bis Mitte November. Um eine gute Ernte zu erzielen, musste in dieser Zeit das Wasser auch auf die entfernter liegenden Felder gebracht werden. Das Vieh wurde vor dem reißenden Fluss und dem Hochwasser in Sicherheit gebracht.

Peret

In der Jahreszeit, die *Peret* genannt wurde, gingen die Wassermassen zurück und bedeckten das Land mit dem fruchtbaren Schlamm des Nils. Diese Zeit dauerte von Mitte November bis Mitte März und galt als die kühlste Zeit des Jahres. Die schlammigen Böden wurden von Ochsenpflügen oder auch ganz einfach mit Hacken umgegraben. Das Saatgut wurde über die Felder verstreut und gelangte beim Umgraben ins Erdreich. Die Schreiber notierten sich sehr genau die Größe der einzelnen Felder, um die zukünftigen Steuern festsetzen zu können.

Schemu

Die letzte Jahreszeit nannte sich *Schemu.* Es war die trockenste Zeit und dauerte von Mitte März bis Mitte Juli. Die Bauern wurden für ihre mühevolle Arbeit belohnt und konnten Weizen und Gerste ernten. Das wertvolle Getreide wurde auf dem Rücken eines Maultieres ins Dorf transportiert und weiterverarbeitet. Auch für die Weinernte war die Zeit günstig. Die reifen Trauben wurden zu Wein gepresst.

Religiöser Glaube

Die Ägypter verehrten mehrere Gottheiten, wobei einige als die „großen Götter“ galten und andere von Ort zu Ort variieren konnten. Nach der Legende stammten die Hauptgottheiten von dem Gott Nun ab. Er stellte die Urflut dar, aus der der erste Sonnengott (auch unter den Namen Atum und Re verehrt) geboren wurde. Aus dem Schöpfergott Atum gingen die Luft und die Feuchtigkeit, die Erde *(Geb)* und der Himmel *(Nut)* hervor. Der Erdgott und die Himmelsgöttin hatten vier Kinder: Osiris, Isis, Seth und Nephtys. Sie alle gehörten zur Gruppe der Hauptgötter.

Amenophis IV., Pharao der 18. Dynastie, setzte eine neue Religion durch. Statt der Verehrung der traditionellen Gottheiten wurde Aton in der Gestalt der Sonnenscheibe zum einzigen Gott erhoben. Ihm zu Ehren nannte sich Amenophis IV. fortan Echnaton. Mit seinem Tod kehrten die Ägypter zur Verehrung mehrerer Gottheiten zurück.

Osirismythos

Der Gott Osiris, Schöpfer der Landwirtschaft, wurde von seinem Bruder Seth aus Neid umgebracht. Isis, Schwester und Ehefrau von Osiris, gelang es, ihren Ehemann wieder zum Leben zu erwecken. Sie gebar ihm den Sohn Horus. Als dieser erwachsen war, trat er Seth gegenüber, um seinen Vater zu rächen. Er siegte und eroberte den Thron Ägyptens. Aus diesem Grund wurde Horus, der falkenköpfige Gott, mit dem herrschenden Pharao gleichgesetzt.

Thot mit dem Ibiskopf war der Gott der Weisheit, der Schreiber und der Wissenschaft.

Hathor war eine antike Göttin mit Kuhkopf und Sonnenscheibe zwischen den Hörnern.

Re war der Sonnengott. Er wurde durch den Pharao verkörpert und galt als Quelle allen Lebens.

Osiris herrschte über das Jenseits. Er war der Gott des Todes und der Auferstehung.

Horus, Sohn von Osiris, war der falkenköpfige Gott, der über den Himmel herrschte und den Pharao beschützte.

Anubis mit dem Schakalkopf war Beschützer der Toten und Seelenführer in das Land der Toten.

Isis wurde verehrt, weil sie Osiris wieder zum Leben erweckte, indem sie seine verstreuten Überreste in ganz Ägypten zusammensammelte.

Seth war ein gewalttätiger Gott der Stürme und Herrscher über die Wüsten. Er tötete seinen Bruder Osiris und verstreute dessen Körperteile über das Land.

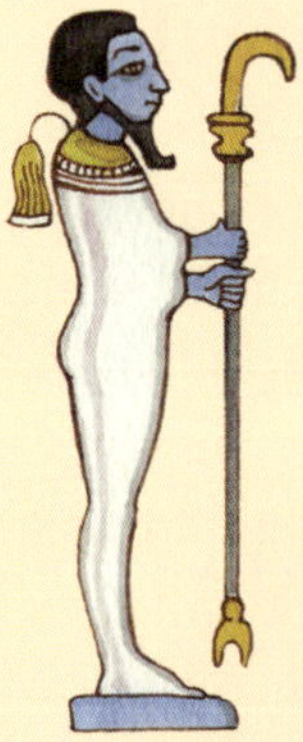

Ptah war ein Ur-Schöpfergott der Menschen und wurde in Memphis verehrt.

Bastet war die Göttin des Tanzes und der Musik.

Nut war die Göttin des Himmels. **Geb** war der Erdgott. Auf Befehl von Re wurden sie von Schu auseinandergehalten.

Amun war eine bedeutende Gottheit und wurde in der Stadt Theben während des Neuen Reichs verehrt.

Die Mumifizierung

Die Ägypter waren davon überzeugt, dass der Tod nicht das Ende von allem bedeutete, sondern der Anfang eines neuen Daseins war. Der Körper des Toten musste unversehrt bleiben, um die Lebenskraft, die als *Ka* bezeichnet wurde, zu erhalten und ein Weiterführen des Lebens möglich zu machen. Um dieses Ziel zu erreichen, wurde eine hoch entwickelte Technik der Einbalsamierung der Toten angewandt, die sogenannte *Mumifizierung*. Die Priester, die diese Rituale vollzogen, waren mit der Anatomie sehr gut vertraut, denn sie durften keine Organe des Verstorbenen beschädigen.

Die inneren Organe des Toten wurden entnommen und in vier Gefäßen, den *Kanopen*, aufbewahrt.

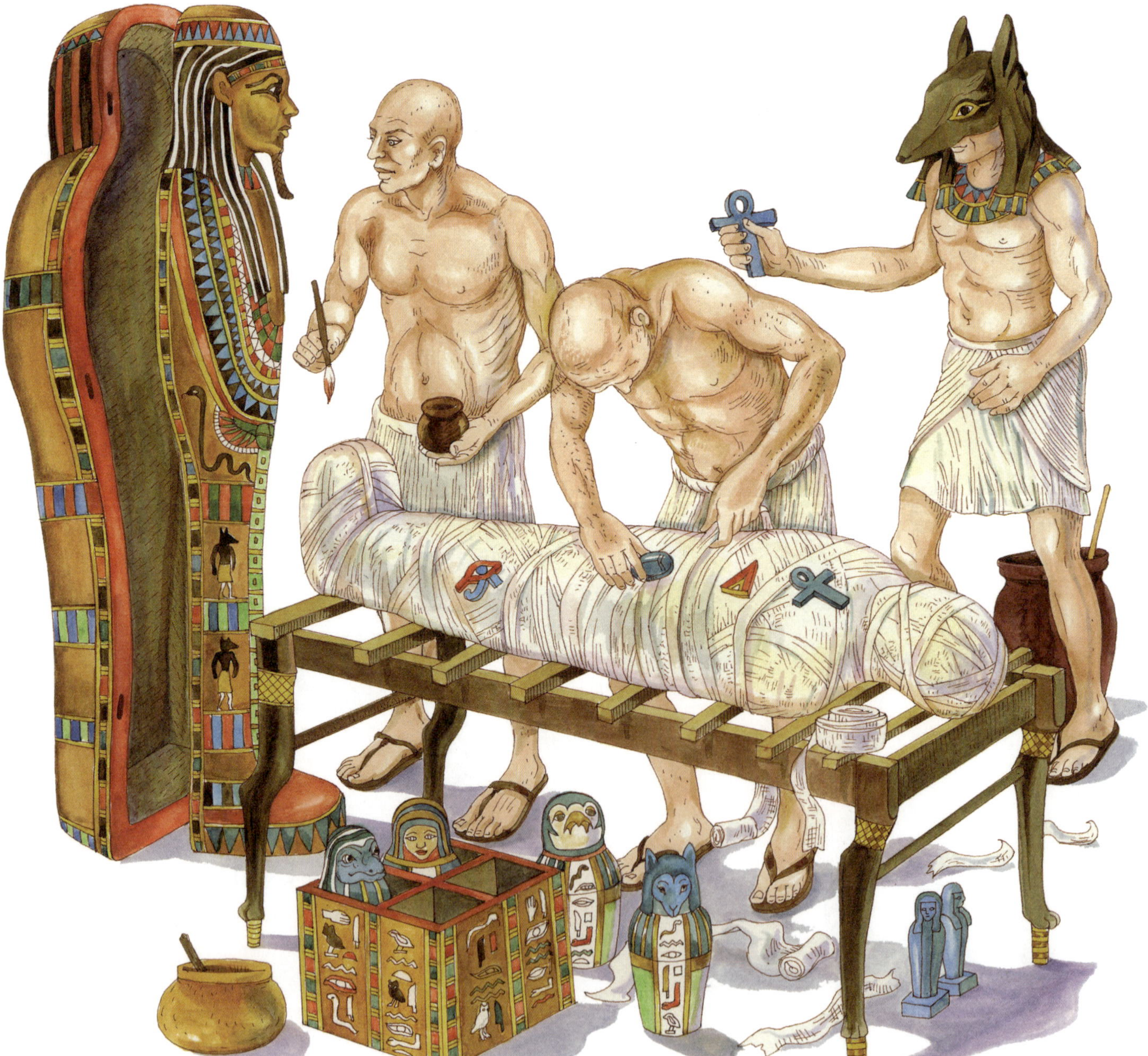

Die Leinenbinden, das Natron und die anderen Materialien, die bei der Mumifizierung notwendig waren, wurden in Tongefäßen aufbewahrt, die man in den Begräbnisstätten lagerte.

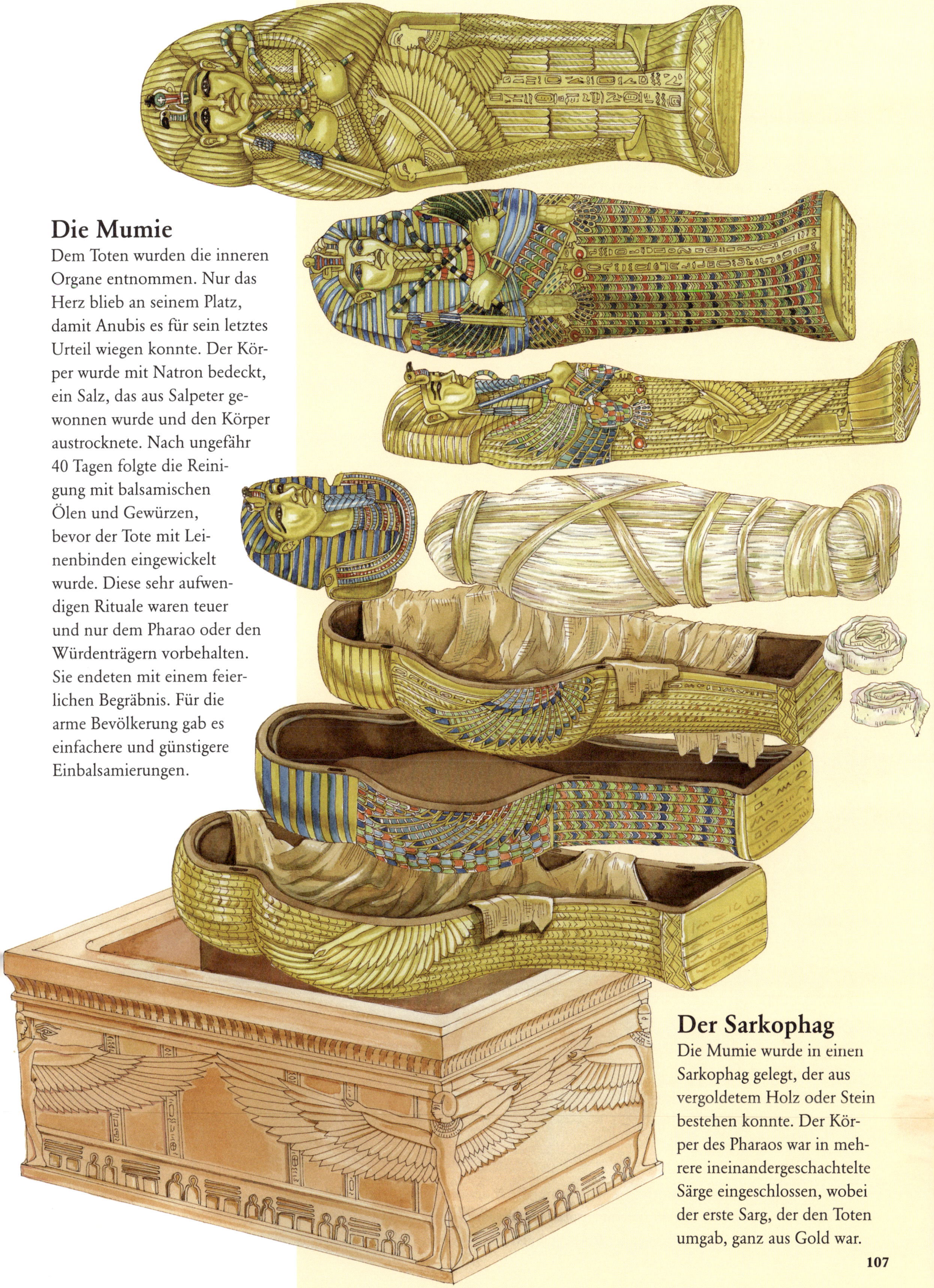

Die Mumie

Dem Toten wurden die inneren Organe entnommen. Nur das Herz blieb an seinem Platz, damit Anubis es für sein letztes Urteil wiegen konnte. Der Körper wurde mit Natron bedeckt, ein Salz, das aus Salpeter gewonnen wurde und den Körper austrocknete. Nach ungefähr 40 Tagen folgte die Reinigung mit balsamischen Ölen und Gewürzen, bevor der Tote mit Leinenbinden eingewickelt wurde. Diese sehr aufwendigen Rituale waren teuer und nur dem Pharao oder den Würdenträgern vorbehalten. Sie endeten mit einem feierlichen Begräbnis. Für die arme Bevölkerung gab es einfachere und günstigere Einbalsamierungen.

Der Sarkophag

Die Mumie wurde in einen Sarkophag gelegt, der aus vergoldetem Holz oder Stein bestehen konnte. Der Körper des Pharaos war in mehrere ineinandergeschachtelte Särge eingeschlossen, wobei der erste Sarg, der den Toten umgab, ganz aus Gold war.

Der Trauerzug

Wenn die schwierige Arbeit der Mumifizierung beendet war, konnte der Leichnam beerdigt werden. Dabei wurde er von einer langen Prozession begleitet.

Der Trauerzug wurde von einem Priester angeführt, gefolgt von jungen Männern, die die Grabausstattung trugen. Auf einem Schlitten wurden die Kanopen-Gefäße transportiert, auf einem zweiten Schlitten, der die Form eines Bootes hatte, der Sarkophag mit der Mumie.

Nachdem der Trauerzug das Grab erreicht hatte, wurde die gesamte Grabausstattung mit dem Sarkophag und den Grabbeigaben in das Innere des Grabes gebracht. Der Eingang der Begräbnisstätte wurde mit einem Siegel verschlossen, damit niemand den ewigen Schlaf des Verstorbenen stören konnte.

Bevor die Mumie in den Sarkophag gelegt wurde, war es Brauch, dass der Priester dem Toten den Mund öffnete. Mit diesem Brauch gab man dem Verstorbenen die im Moment des Todes verlorenen Fähigkeiten zurück.

Die Trauerzüge, die auf Grabmalereien abgebildet sind, geben uns Auskunft über viele Aspekte des Lebens der alten Ägypter. In den Händen der Träger sieht man Stühle, Betten, Kleiderkoffer und andere Gegenstände des täglichen Lebens.

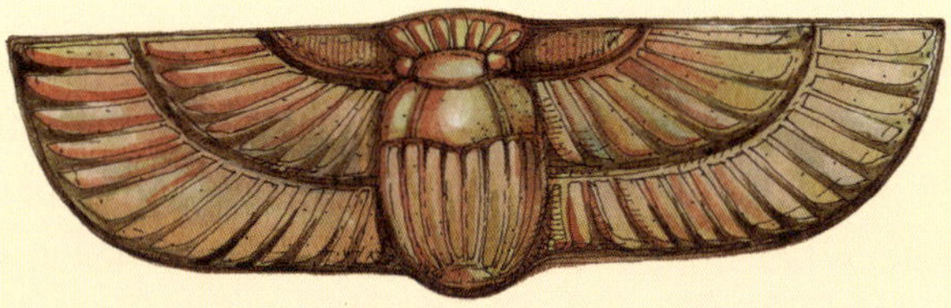

Die Amulette

Den Bandagen der Mumien legte man zahlreiche Gegenstände bei, die dazu bestimmt waren, den Verstorbenen zu beschützen. Diese Amulette waren kleine Schmuckstücke und konnten aus geflügeltem Skarabäus oder Horusauge bestehen.
Nur den Pharaonen und Königinnen legte man das Anch-Kreuz als Symbol des Lebens bei. Ein heiliger Skarabäus wurde auf das Herz gelegt. Auf seiner Rückseite befand sich eine Bittschrift aus dem Totenbuch, in der der Tote sein Herz darum bat, im Augenblick des göttlichen Urteils nicht zu lügen.

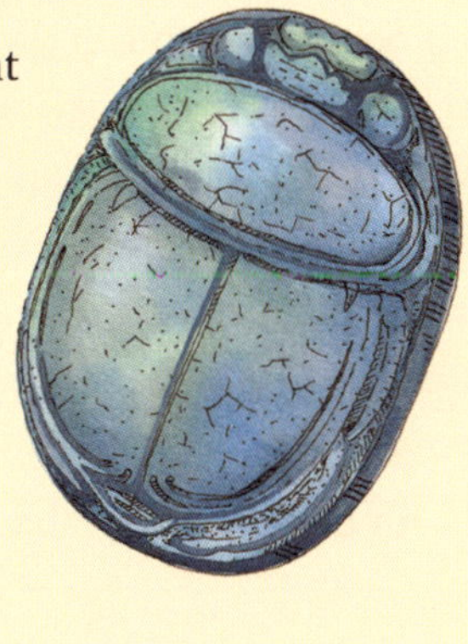

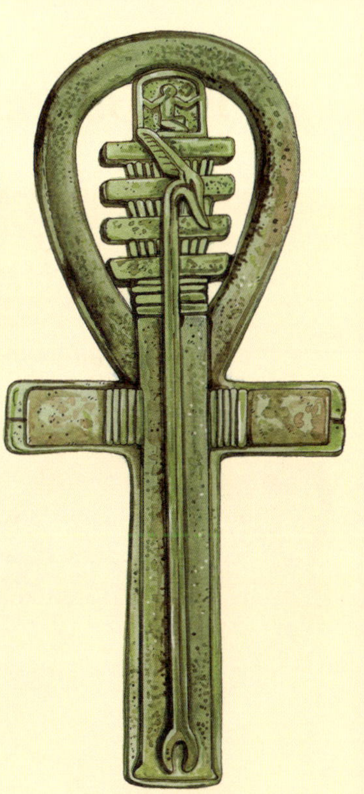

Anch-Kreuz

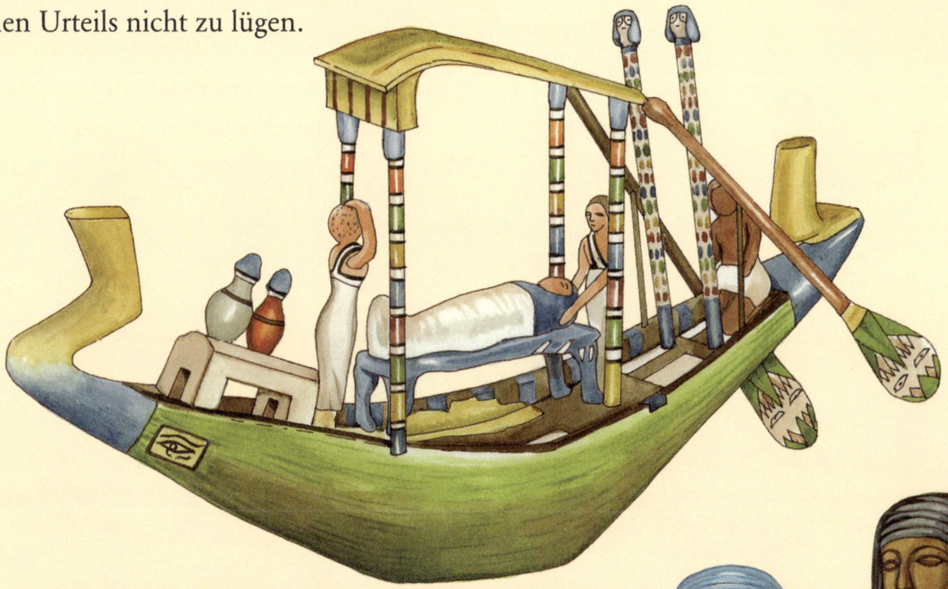

Zu den Grabbeilagen gehörten auch kleine Modellboote, die dem Toten die Überfahrt in das Jenseits vereinfachen sollten.

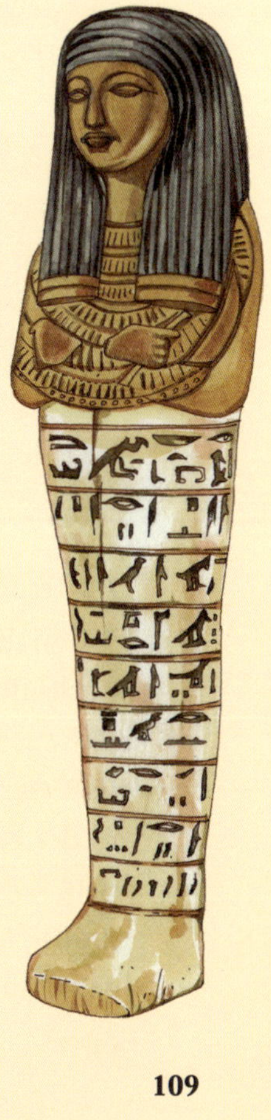

Die Uschebti

Die Grabausstattung beinhaltete kleine Statuetten, die an der Stelle des Verstorbenen Arbeiten auszuführen hatten. Man nannte sie *Uschebti*, was so viel heißt wie „diejenigen, die antworten". Sie hatten oftmals die Gestalt einer männlichen Mumie. Im unteren Teil war ein ritueller Satz aus dem Totenbuch eingraviert, der sie zum Leben erwecken und befähigen sollte, dem Toten zu dienen. Die Anzahl dieser „Diener" hing von der Bedeutung des Toten ab. In den Gräbern der Pharaonen waren es einige Hunderte.

Ein berühmtes Grab

In der Zeit des Neuen Reichs wurden die großen Könige der thebanischen Dynastien in Gräbern beigesetzt, die in den Fels gehauen wurden. Diese befanden sich in einem westlich vom Nil gelegenen Tal und in unmittelbarer Nähe zur neuen Hauptstadt. Die gesamte Anlage der Gräber, die sich das „Tal der Könige" nennt, entstand in einer trockenen und sonnigen Schlucht am Rande der Wüste.

Die Form der Pyramide wurde aufgegeben. Die Gräber befanden sich in tiefen Stollengängen, die in die Wände der Berge gegraben wurden. Sie waren oftmals so aufgebaut, dass auf einen Eingangsbereich ein Korridor folgte, der in den unterirdischen Tempel führte. Dort öffneten sich einige Vorhallen mit künstlichen Säulen, die das Gewölbe stützten und von denen man zur Sargkammer kam. In einigen Fällen gab es noch Nebenräume, in denen sich Grabausstattung und Grabbeigaben befanden.

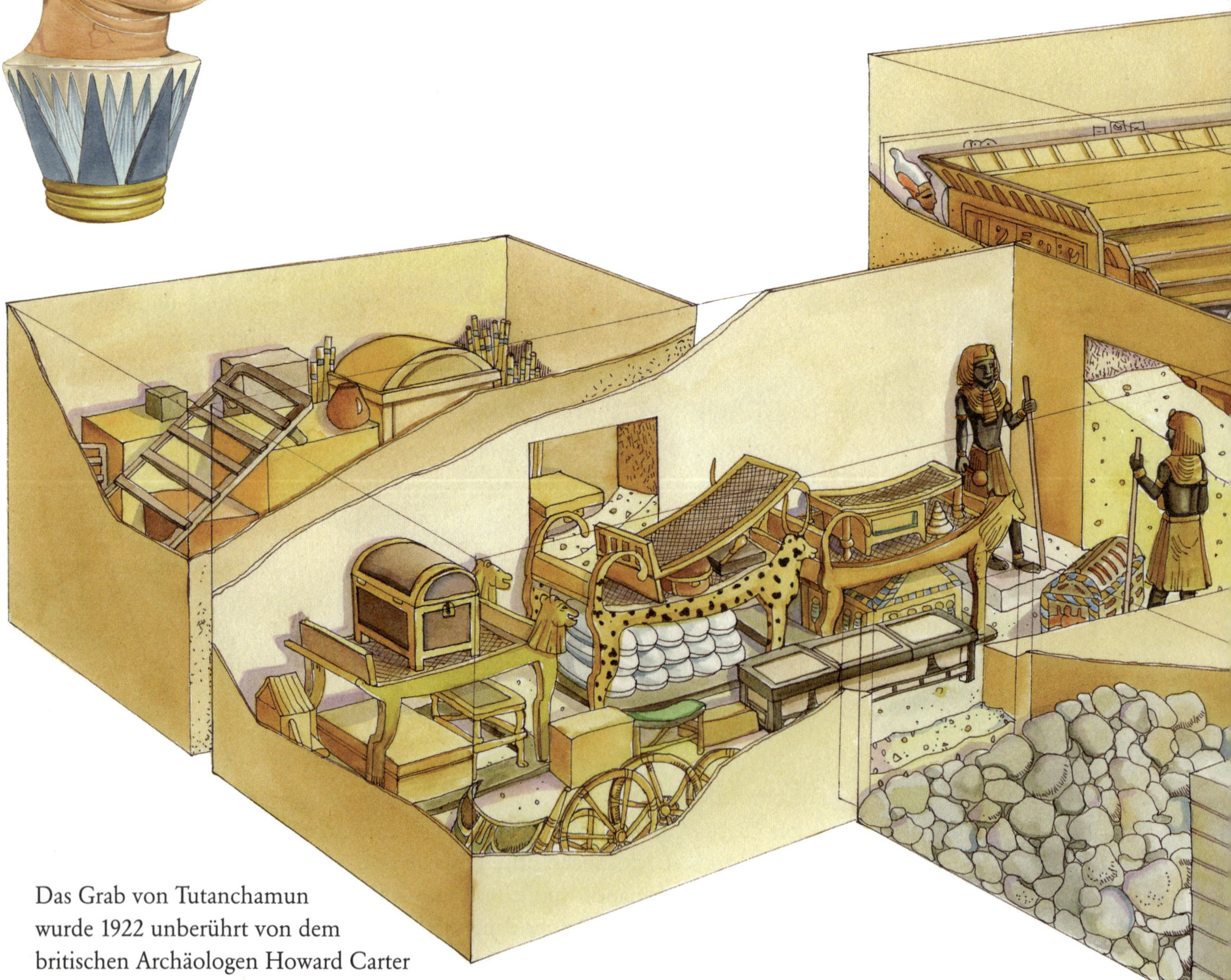

Das Grab von Tutanchamun wurde 1922 unberührt von dem britischen Archäologen Howard Carter entdeckt. Dieses Ereignis war die Belohnung für jahrelange Grabungen im Tal der Könige, von dem man annahm, es hätte schon all seine Geheimnisse offenbart. Viele königliche Gräber wurden nur wenige Tage nach dem Begräbnis des Pharaos geplündert, oftmals von denselben Arbeitern, die sie errichtet hatten. Damit waren für die gesamte Menschheit außergewöhnliche Schätze verloren gegangen.

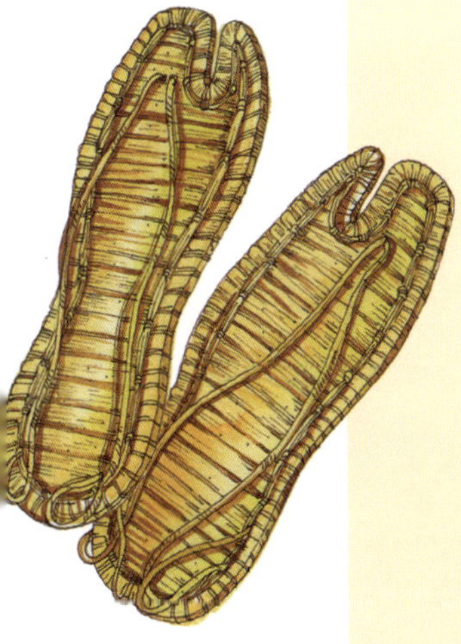

Sandalen aus Papyrus

Tutanchamun

Das berühmteste Grab im Tal der Könige ist das von Tutanchamun. Er war noch sehr jung, als er die Nachfolge von Echnaton, dem „Ketzerpharao", antrat. Der Grabaufbau ist gegenüber den Gräbern der großen Könige sehr viel bescheidener und scheint in großer Eile errichtet worden zu sein. Ein kurzer Korridor mit Stufen führt in einen Vorraum, von dem man direkt in die eigentliche Grabkammer gelangt. An letztere schließt sich eine Schatzkammer an. Auf der anderen Seite der Vorhalle wurde ein weiterer Raum gefunden, in dem sich die Grabausstattung befand. Nur die Grabkammer ist mit Wandmalereien geschmückt, was die gebotene Eile beim Grabbau zu verdeutlichen scheint. Dennoch trat der junge Pharao seine Reise ins Jenseits mit einer sehr beeindruckenden Grabausstattung an.

Die Totenmaske, die sich auf dem Gesicht Tutanchamuns befand, ist aus reinem Gold und mit Einlagen aus blauem Glas versehen. Auf dem Kopf trägt er das sogenannte Nemes-Kopftuch und die Symbole der Schutzgöttinnen des Toten: ein Geier und eine Kobra.

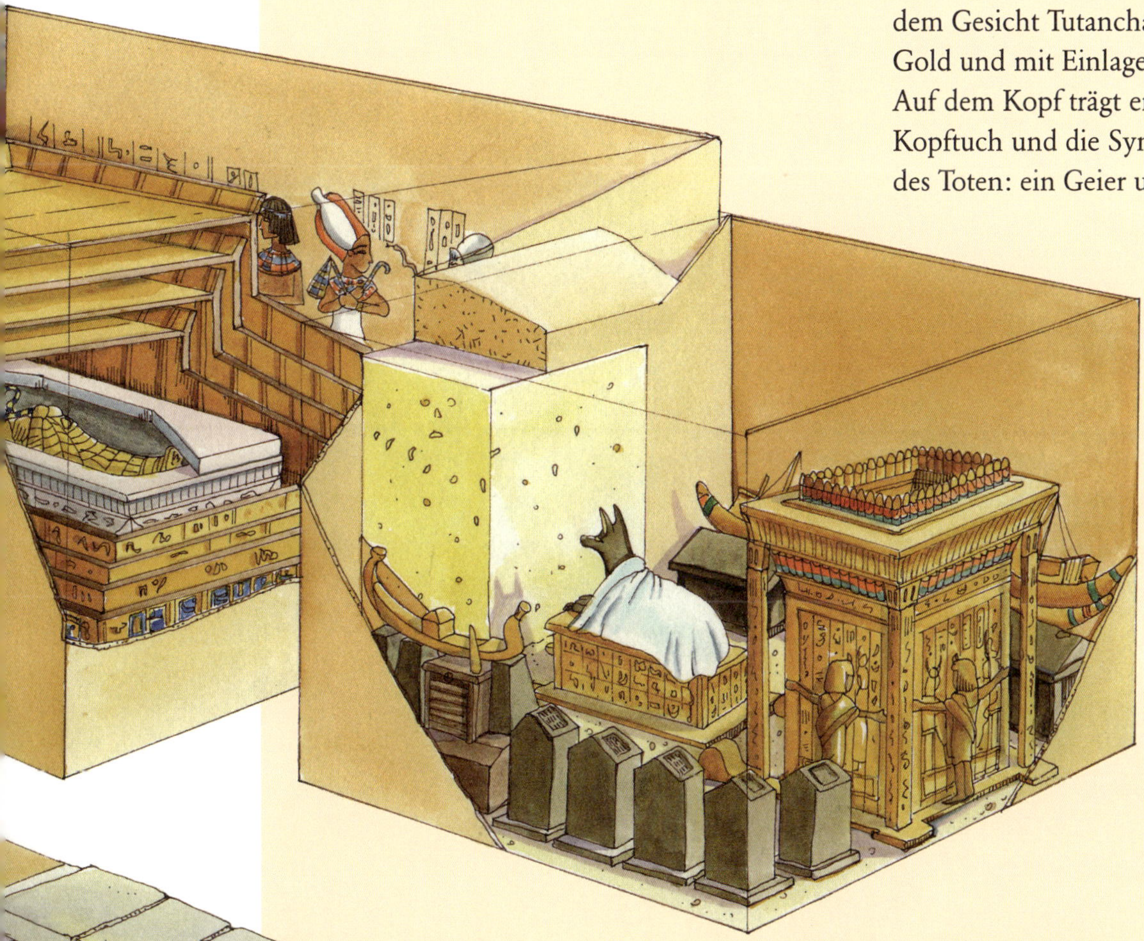

Gleich nachdem Priester das Grab verschlossen hatten, wurde es von Grabräubern geplündert. Es wurden aber nur einige Gegenstände der Grabausstattung gestohlen und das Grab wurde erneut versiegelt. Durch den Bau neuer Grabstollen wurde der Eingang des Grabes durch Stein- und Geröllmassen verschüttet. Alle Spuren waren verwischt, bis Howard Carter es wiederentdeckte.

Der Schatz

Die Grabausstattung, die im Grab gefunden wurde, ist von unschätzbarem Wert. Es dauerte 50 Tage, um all die durcheinander aufgetürmten Gegenstände aus dem Vorraum zu bergen.

Der Tempel

Die Tempelanlagen waren Orte, die dem Kult der zahlreichen Gottheiten der Ägypter geweiht waren. Die Götterstatuen befanden sich in diesen Tempeln. Die Gebäude, die für die Ewigkeit aus Granit und Sandstein errichtet wurden, haben Jahrhunderte überdauert. Im Inneren trat der Pharao mit den Göttern in Verbindung. Dabei standen ihm Priester zur Seite, die bei den heiligen Aufgaben den Vorsitz hatten.
Das Heiligtum des Gottes befand sich in einem eigens für ihn vorgesehenen dunklen Raum des Tempels. Bevor die Priester ihn betraten, badeten sie sich im „heiligen See“, um sich zu reinigen und an der Zeremonie teilnehmen zu können.

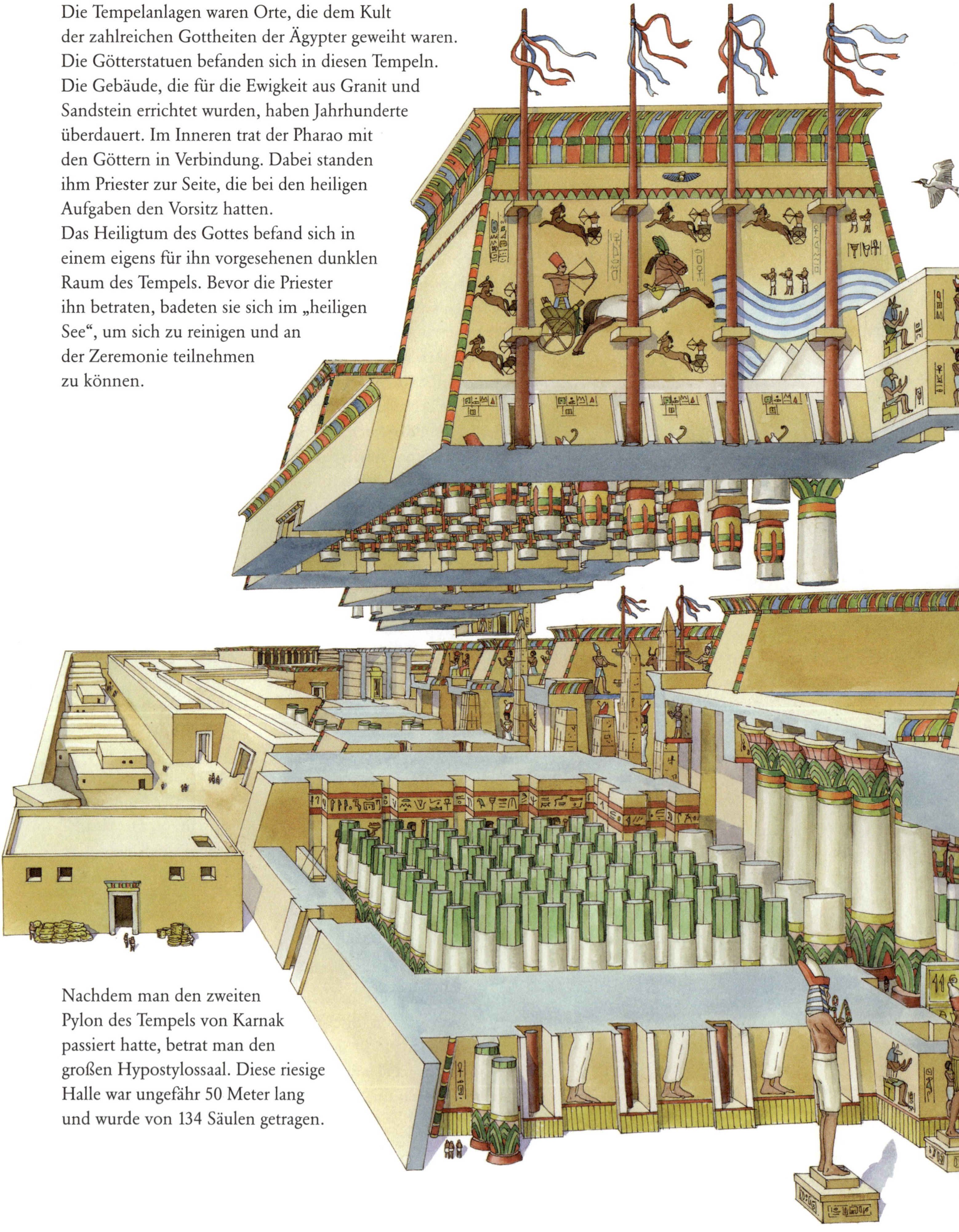

Nachdem man den zweiten Pylon des Tempels von Karnak passiert hatte, betrat man den großen Hypostylossaal. Diese riesige Halle war ungefähr 50 Meter lang und wurde von 134 Säulen getragen.

Kapitelle (oberer Säulenabschluss) verschiedener Epochen und Formen

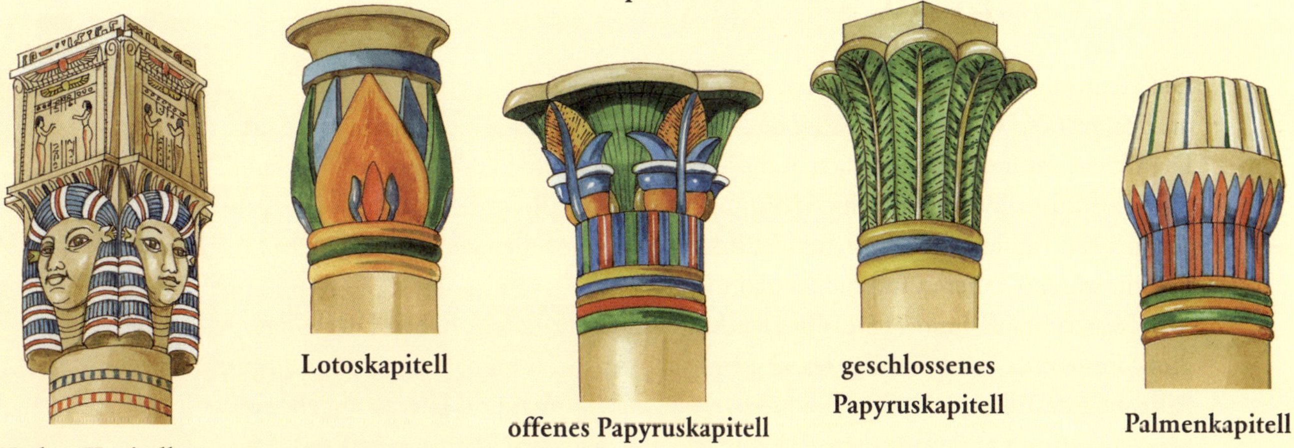

Hathor-Kapitell

Lotoskapitell

offenes Papyruskapitell

geschlossenes Papyruskapitell

Palmenkapitell

Luxor und Karnak

In der Nähe von Theben, Hauptort des Neuen Reichs, erhebt sich ein Gebäudekomplex, der für die größte Tempelanlage Ägyptens gehalten wird. Er befindet sich am Ostufer des Nils und besteht aus dem Tempel von Karnak und dem Tempel von Luxor. Beide Tempel sind durch eine von Sphinxen gesäumte Allee miteinander verbunden. Der Karnak-Tempel setzt sich aus drei selbstständigen Bezirken zusammen, die dem Gott Amun, seiner Ehefrau Mut und dem falkenköpfigen Gott, dem Beschützer der Fürsten von Theben, geweiht waren. In dem Tempel von Luxor wurde die Statue von Mut aufbewahrt, die einmal im Jahr von ihrem Ehemann Amun in einer Prozession, die über die Sphinxenallee führte, besucht wurde.

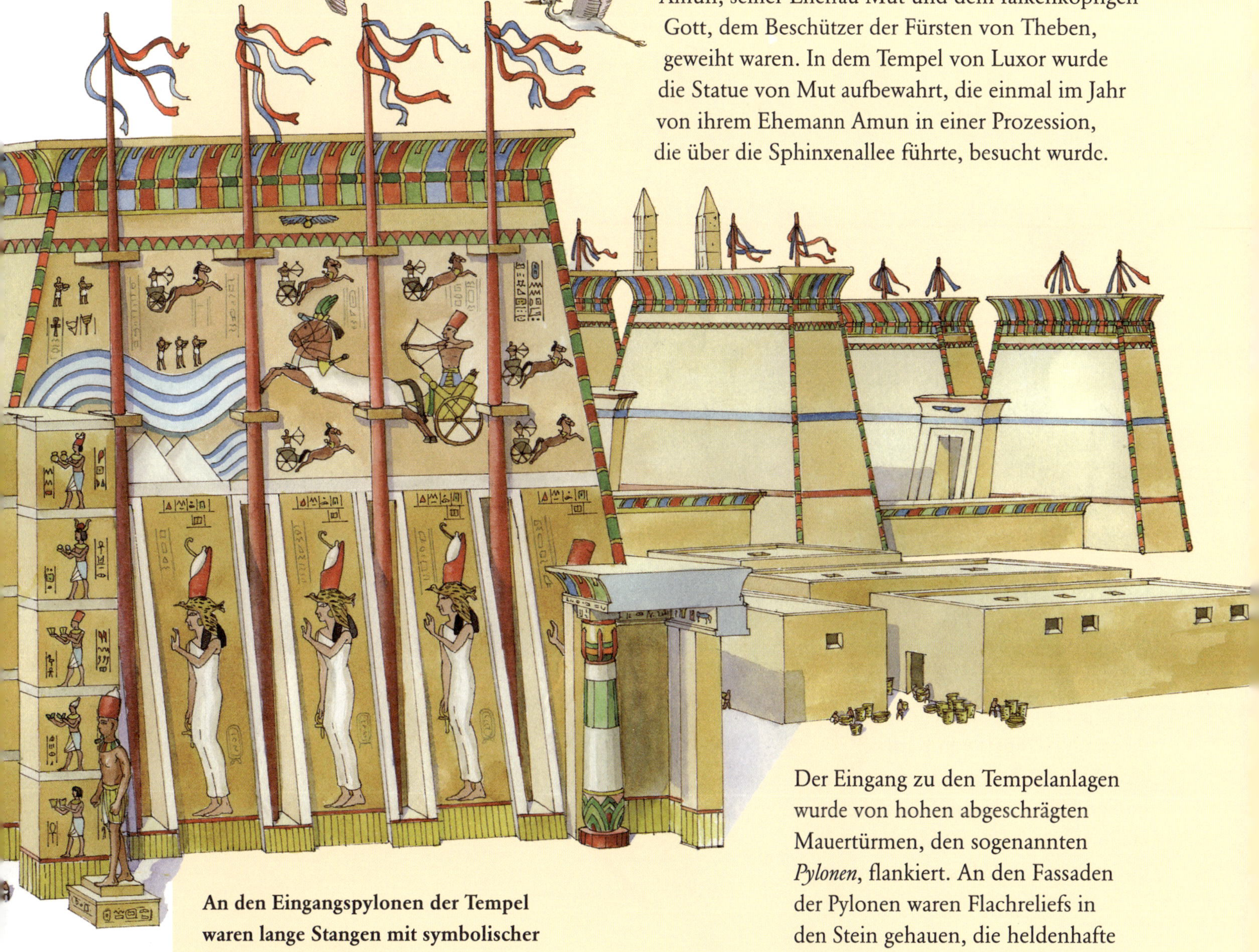

An den Eingangspylonen der Tempel waren lange Stangen mit symbolischer Bedeutung angebracht.

Der Eingang zu den Tempelanlagen wurde von hohen abgeschrägten Mauertürmen, den sogenannten *Pylonen*, flankiert. An den Fassaden der Pylonen waren Flachreliefs in den Stein gehauen, die heldenhafte Momente im Leben der Pharaonen darstellten.

Der Krieg und das Heer

Nachdem die stürmische vordynastische Zeit zu Ende war, erlebte Ägypten eine mehr oder weniger lange Zeit des Friedens. Das Meer auf der einen Seite und die Wüste auf der anderen waren natürliche Schutzschilde gegen Angriffe anderer Völker, bis um 1600 v. Chr. die Hyksos einfielen. Vor dieser Zeit bestand die Armee aus schwer und leicht bewaffneten Fußtruppen, die auf die Gebiete des Reichs verteilt waren.

Der Pharao besaß eine eigene Wache und war der Oberbefehlshaber. Durch das Aufkommen der von Pferden gezogenen Kampfwagen veränderte sich die Kampftechnik und es wurden zusätzlich Söldnertruppen aus Nubien und Libyen angeheuert. Die Ausrüstung wurde um neue Waffen und eine leichtere Rüstung erweitert. Der Fußsoldat war mit einer Lanze, die mit einer Metallspitze versehen war, bewaffnet und verteidigte sich mit dem Schild. Zur Ausrüstung gehörte auch ein Sichelschwert oder eine Streitaxt, die im Nahkampf eingesetzt oder auf den Feind geworfen wurden.

Streitäxte

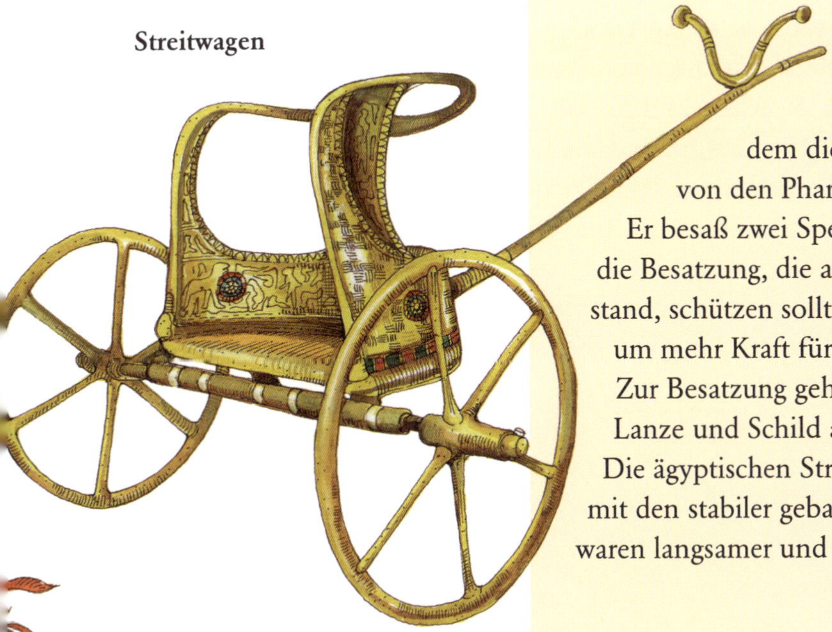

Streitwagen

Der Streitwagen

Der ägyptische Streitwagen, der in der Schlacht bei Kadesch verwendet wurde, war schnell und sehr wendig. Mit großer Wahrscheinlichkeit war dieser Wagen die Weiterentwicklung des Kampfwagens, mit dem die Hyksos in das Nildelta eingefallen waren, bevor sie von den Pharaonen der 17. Dynastie vertrieben werden konnten.

Er besaß zwei Speichenräder und eine kleine umrandete Plattform, die die Besatzung, die aus einem Kutscher und einem Bogenschützen bestand, schützen sollte. Der hethitische Streitwagen war wesentlich schwerer, um mehr Kraft für den Durchbruch der feindlichen Linien zu haben. Zur Besatzung gehörten ein Wagenlenker, ein Bogenschütze und ein mit Lanze und Schild ausgerüsteter Soldat.

Die ägyptischen Streitwagen versuchten einen direkten Zusammenstoß mit den stabiler gebauten Streitwagen der Feinde zu vermeiden. Letztere waren langsamer und boten ein leichtes Ziel für die Bogenschützen.

Die Schlacht bei Kadesch

Im Jahr 1285 v. Chr., in der Schemu-Jahreszeit, fand nahe der Stadt Kadesch eine entscheidende Schlacht zwischen dem ägyptischen und dem hethitischen Heer statt. Vier Divisionen unter dem Kommando von Pharao Ramses II., etwa 20 000 Männer und 2000 Streitwagen stark, stießen auf das mit ähnlichen Kräften ausgestattete hethitische Heer. Nach blutigen Kämpfen endete die grausame Schlacht unentschieden und mit einem Friedensvertrag. Jedoch hielten sich beide Gegner für Sieger. Ramses II. ließ zahlreiche Monumentalbauten errichten.

Dolch und Khepesh-Schwert

Ramses II.

Ramses II. ist der wohl bekannteste Pharao des alten Ägypten. Er war gerade 20 Jahre alt, als er den Thron bestieg, und regierte fast 66 Jahre lang. Sein Vater Sethos I., Herrscher der 9. Dynastie, ließ ihn zum König krönen. Ramses II. führte das Land zum Höhepunkt flächenmäßiger und kultureller Größe. In Memphis geboren, wurde er in sehr jungen Jahren zum Oberbefehlshaber des Heeres ernannt. Seine politischen und militärischen Fähigkeiten sicherten Ägypten eine lange Blütezeit. Unter seiner Regentschaft lebte das Land wieder auf.

Statue von Ran
aus schwarze
Tiefengestei

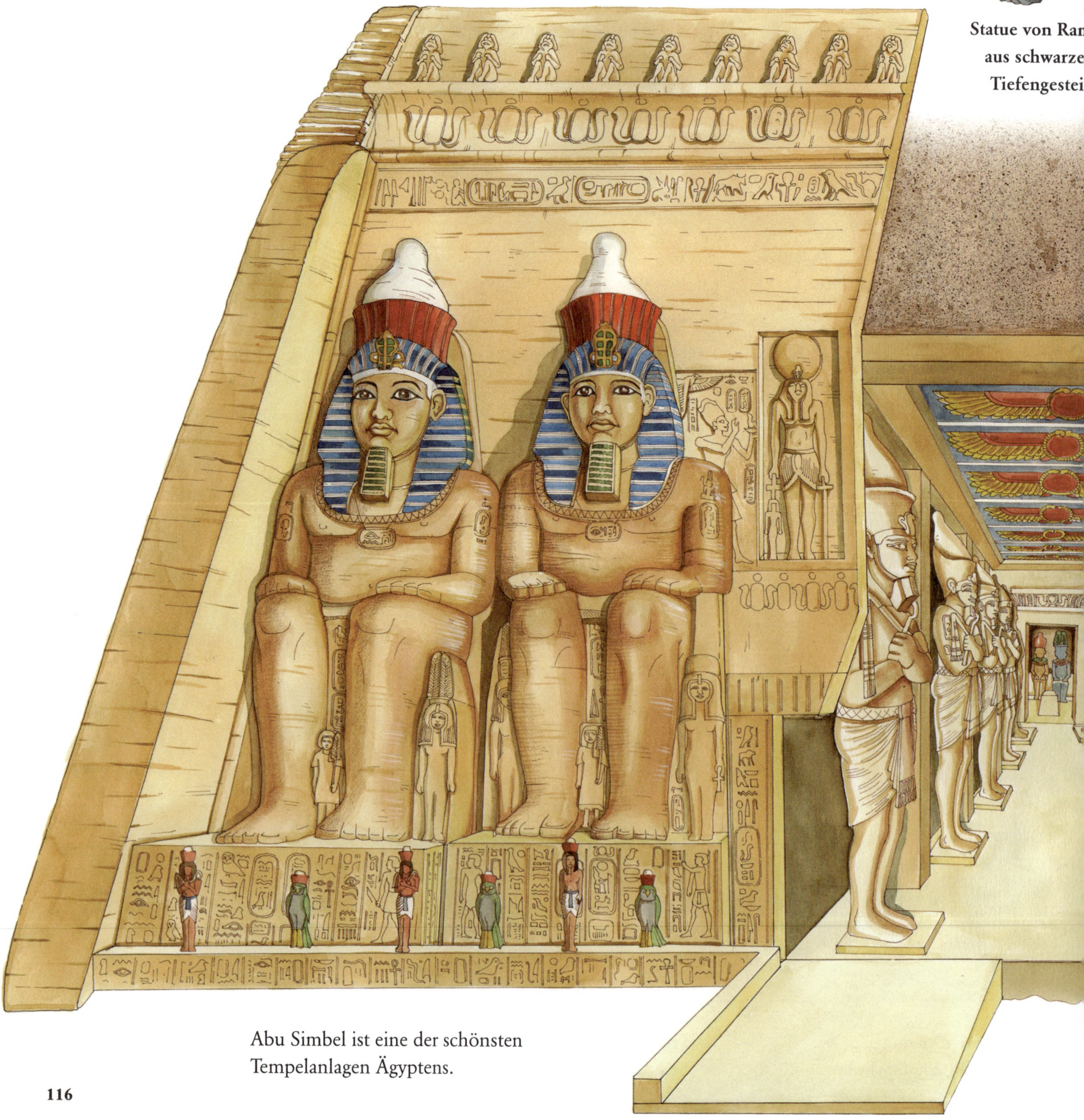

Abu Simbel ist eine der schönsten Tempelanlagen Ägyptens.

Der Felsentempel von Abu Simbel wurde etwa 300 Kilometer von Assuan entfernt im Herzen der Nubischen Wüste erbaut, um den Ruhm des großen Pharaos zu verewigen. Ramses II. ließ nicht weit entfernt einen weiteren Felsentempel errichten, der seiner Frau Nefertari gewidmet war.

Der Götterschrein des Großen Tempels

Im Tempelinneren, mehr als 60 Meter tief im Berg, wurde ein kleiner Raum in den Fels geschlagen, der das Allerheiligste des Tempels beherbergt. An diesem Ort befindet sich die sitzende Statue von Ramses II. in Gesellschaft von drei Göttern: Amun-Re, Harachte und Ptah. Der Tempel wurde so gebaut, dass das Sonnenlicht zweimal im Jahr bis in den Raum fällt. Zur Zeit der Sonnenwende werden die Statuen des Pharaos, der Götter Amun-Re und Harachte durch die aufgehende Sonne beleuchtet. Der Gott Ptah, Herrscher der Unterwelt, bleibt im Schatten, weil die Sonnenstrahlen ihn nie erreichen.

Der Tempel war jahrhundertelang unter Sandmassen begraben und kam erst 1813 wieder ans Licht.

Berühmte Königinnen

In der ägyptischen Gesellschaft waren Frauen unabhängig und in ihrer Würde den Männern gleichgestellt. Sie konnten Güter besitzen, Geschäfte machen und wichtige und bedeutende Rollen übernehmen, die durch die Gesetze des Staates geschützt waren. In der 1000-jährigen Geschichte Ägyptens wurde, trotz dieser Freiheiten, nur eine von ihnen Pharaonin.

Hatschepsut

Während der 18. Dynastie, als Ägypten in das Zeitalter des Neuen Reichs eintrat, wurde die Königin Hatschepsut zur ersten Pharaonin ernannt. Sie lenkte für ihren Stiefsohn, den zukünftigen Thutmosis III., die Geschicke des Landes und regierte für eine lange Zeit. Während ihrer Regentschaft beanspruchte sie die dem Pharao vorbehaltene Macht und ließ sich mit dem künstlichen Pharaonenbart darstellen. Um ihre Heldentaten zu verewigen, ließ sie sich einen grandiosen Tempel in Deir el-Bahari, in der Nähe vom Tal der Könige, errichten.